DESENVOLVIMENTO de COMUNIDADE e PARTICIPAÇÃO

EDITORA AFILIADA

Dados Internacionais de Catalogação na Publicação (CIP)
(Câmara Brasileira do Livro, SP, Brasil)

Souza, Maria Luiza de
   Desenvolvimento de comunidade e participação / Maria Luiza de Souza. — 11. ed. — São Paulo : Cortez, 2014.

   ISBN 978-85-249-2310-4

   1. Comunidades - Desenvolvimento - Brasil 2. Participação social - Brasil I. Título.

14-12107   CDD-307.0981

Índices para catálogo sistemático:
1. Brasil : Comunidades : Desenvolvimento :
   Sociologia   307.0981
2. Brasil : Participação social : Comunidade :
   Sociologia   307.0981

MARIA LUIZA DE SOUZA

DESENVOLVIMENTO de COMUNIDADE e PARTICIPAÇÃO

11ª edição

DESENVOLVIMENTO DE COMUNIDADE E PARTICIPAÇÃO
Maria Luiza de Souza

Capa: de Sign Arte Visual
Revisão: Maria de Lourdes de Almeida
Composição: Linea Editora Ltda.
Assessoria editorial: Priscila F. Augusto
Coordenação editorial: Danilo A. Q. Morales

Nenhuma parte desta obra pode ser reproduzida ou duplicada sem autorização expressa da autora e do editor.

© 1989 by Maria Luiza de Souza

Direitos para esta edição
CORTEZ EDITORA
Rua Monte Alegre, 1074 – Perdizes
05014-001 – São Paulo – SP
Tel. (11) 3864 0111   Fax: (11) 3864 4290
E-mail: cortez@cortezeditora.com.br
www.cortezeditora.com.br

Impresso no Brasil — novembro de 2014

*À Ana Gertrudes,
que veio dar a minha vida
uma nova dimensão
de felicidade.*

Sumário

Prefácio à 11ª edição 11
Introdução 15

CAPÍTULO I
Desenvolvimento de comunidade (DC): atualidade e importância

1. DC: processo presente aos movimentos sociais e à política social 22
2. DC e implicações teórico-metodológicas 25

CAPÍTULO II
Atuação comunitária e processo de cooperação social

1. A cooperação e o desenvolvimento social 29
2. A ação comunitária 35
3. A ação social 39
4. A organização de comunidade 42

CAPÍTULO III
Identidade e processo histórico do DC

1. DC no contexto internacional 48
2. O DC no Brasil 53
3. Concepções e tendências atuais do DC 63

CAPÍTULO IV
A comunidade — Componente conceitual do DC

1. A comunidade e seu processo histórico 72
2. As controvérsias da realidade comunitária 76
3. DC e comunidade 79

CAPÍTULO V
O desenvolvimento — Componente conceitual do DC

1. O desenvolvimento e seu processo histórico 83
2. Enfoques e concepções sobre desenvolvimento 87
3. Desenvolvimento e DC 91

CAPÍTULO VI
A participação — Componente conceitual do DC

1. A questão da participação 95
2. A participação comum a tudo ser humano 98
3. Aspectos pedagógicos do processo de participação 101
4. Componentes do processo pedagógico da participação 104

CAPÍTULO VII
Conjuntura social — Movimentos sociais e política social

1. Os movimentos sociais 120
2. A política social 131
3. O encontro política social/movimentos sociais 138

CAPÍTULO VIII
Atribuições profissionais no desenvolvimento comunitário

1. Conhecimento e análise da conjuntura social 144
2. Operacionalização dos princípios e diretrizes metodológicos do DC perante as conjunturas específicas das comunidades 145
3. Operacionalização de programas de política social levando em conta as exigências de participação da população usuária 147
4. Operacionalização da prática do DC como meio para fortalecer os movimentos sociais 149

CAPÍTULO IX
Questões gerais da operacionalização da prática

1. DC e instituições do setor público 151
2. Os primeiros contatos com a comunidade 158

CAPÍTULO X
O processo metodológico do DC

1. Processos pedagógicos e diretrizes de ação 164
2. Operações metodológicas do DC 169

CAPÍTULO XI
Instrumentos e técnicas usados no DC

1. Aglutinação documental de informações 195
2. Documentação 197
3. Abordagem 213
4. Observação 214
5. Diálogo e entrevista 215
6. Reunião 219
7. Palestra 222
8. Notícia 224
9. Carta circular 225
10. Recursos audiovisuais 230
11. Pesquisa-ação 234

CAPÍTULO XII
Estruturas de apoio do DC

1. Os centros sociais 242
2. Associações de moradores 249
3. A liderança comunitária 256

Referências 261

Prefácio à 11ª edição

As contínuas vivências experimentadas ao longo destes últimos anos em trabalhos comunitários retomam questões, princípios e estratégias presentes a esta obra. A participação, o contexto da participação, seus propósitos, dimensões, envolvimentos assumidos são questões sempre presentes. No entanto, elas assumem, hoje, complexidade muito maior: O contexto da globalização gera demandas mais complexas gestadas em uma estrutura social que se legitima culturalmente e se legaliza institucionalmente. Não se pode desconhecer o número grande de instituições que na dinâmica social são criadas, recriadas e/ou subtraídas. Uma tal realidade se manifesta nas comunidades e afeta a cada momento o dia a dia da população. Por outro lado, os enfrentamentos sociais têm se tornado cada vez mais fragilizados, pois é crescente o individualismo entre seres humanos, assim como os conflitos pessoais, a indiferença, a falta de unidade e consciência comum mesmo entre seres de um mesmo patamar social. Essa realidade faz lembrar as preocupações de Fourier a alguns séculos atrás que propõe a criação de falanges, como processo organizado de cooperação. Para Fourier, as falanges deveriam ter laços unificadores que seriam o amor, a simpatia e a atração natural. Murray Ross também contempla essa questão quando chama a atenção para vários autores que consideram a qualidade das relações interpessoais e distantes das cidades como fatores que contribuem para solidão e depressão, neuroses tão presentes em nossa sociedade.

Hoje, infelizmente, os pais têm medo dos filhos e vice-versa; os professores têm medo dos alunos e vice-versa; vizinhos têm medo dos vizinhos; companheiros de trabalho têm medo uns dos outros etc. As bases da solidariedade, da cooperação, dos objetivos comuns têm sido solapadas no dia a dia; isso põe a descoberto a dimensão espiritual do homem que foi também solapada. A relação do homem com os reinos da natureza deixaram de ter um propósito de unidade, integração e elevação, para terem tão somente um propósito de consumo e exploração. A situação caótica do planeta em relação aos reinos mineral, vegetal e animal falam clara e abertamente sobre toda essa realidade. Muitas organizações e instituições são criadas diariamente para responderem a essas questões, mas, no geral, o foco principal de suas funções se convertem em canais de proveito pessoal para pequenos grupos.

Em nossas práticas comunitárias hoje, como trabalho social voluntário, temos levado em conta a retomada de valores essenciais como a própria concepção do homem como ser que não tem apenas uma dimensão material de vida. Valoramos atualmente o que sempre esteve presente em nós, que é a dimensão espiritual do homem. O livro *Desenvolvimento de Comunidade e Participação* realça sobretudo a dimensão social do homem e da sociedade. Hoje, em nossas práticas de trabalho com a comunidade, tentamos levar em conta a dimensão espiritual do homem na qual se faz presente a dimensão social. Essas não são dimensões antagônicas ou excludentes. A existência do homem tem um propósito que vai além da curta dimensão da sua vida material. Como espírito, sua vida continua em dimensões onde novos exercícios de perfeição e elevação continuam se dando. O homem é dotado de uma essência que não morre. Enquanto ser material social, exercita a superação de seus problemas, dos seus condicionamentos e com isso eleva a sua consciência. À medida que o homem, o grupo, a comunidade se elevam enquanto consciência, mais oportunidades de superação dos problemas acontecem. Além disso, uma vibração sutil de fraternidade, cooperação, confiança mútua vai se reconstruindo.

O ser humano tem caminhado numa direção contrária a esse propósito e temos como consequência, o caos crescente em que se vive hoje. A passividade, a negatividade e o medo passam a ser características comuns dos seres humanos e grupos sociais. A criatividade, a ação em comum, a alegria e a beleza como manifestações da alma humana têm sido substituídas por artifícios de modernidade que não chegam a tocar as suas necessidades mais internas, suas relações com o Criador com a sua dimensão maior.

Trazer à consideração essa realidade, não significa contradizer o que se faz presente ao livro *Desenvolvimento de comunidade e participação*, mas sim chamar atenção para aspectos que precisam ser trabalhados. As necessidades sociais do homem precisam ser identificadas e trabalhadas, as suas organizações sociais precisam ser valorizadas e ativadas, mas sem desconhecer que o homem não é simplesmente um ser social. Hoje, a música, o canto, a oração, os encontros fraternos ajudam o homem a se reencontrar como ser humano para, como ser humano e não como simples peça de uma engrenagem, poder ativar o seu potencial social. Ao longo desses últimos anos, temos usado em nossa prática todos esses processos. Algumas vezes a nossa relação com comunidade tem como traço dominante alguma forma de assistência material, vez que sem ela se tornaria quase impossível penetrar a realidade maior da situação manifestada.

A vivência com crianças foi também uma das dominantes da nossa prática durante estes últimos anos. O traço maior era a criança, mas a partir dela, a família, o trabalho, os recursos comunitários se fizeram eixo de muitas definições assumidas pela família em suas ações. Em alguns momentos, o trabalho em algumas áreas chamou a atenção para a importância do Reino Vegetal. Não só as considerações sobre a influência desse Reino no dia a dia dos seres humanos, mas também a prática de algumas ações voltadas ao mesmo. O cultivo de plantas ornamentais e medicinais, a elaboração de medicamentos caseiros se faz base para muitas considerações sobre a realidade comunitária. Mesmo moradores de palafitas não se depararam com dificuldades para o cultivo de algumas plantas, pois os vasos encontrados nos lixões respondiam às necessidades do plantio.

Com crianças, o canto coral, a iniciação com alguns instrumentos musicais, os cantos e os contos, elevaram o sentimento de dignidade e de abertura para novas possibilidades.

O resgate da beleza, do amor, da fraternidade, precisa ser encorajado no ser humano, para que num patamar de dignidade e altruísmo, processos sociais verdadeiros possam emergir. Creio que o Desenvolvimento de Comunidade pode ser linha de frente em toda esta caminhada para que o homem e a sociedade possam ser transformados.

Aracaju, outubro de 2014
Maria Luiza de Souza

Introdução

Partimos do princípio de que a prática do desenvolvimento de comunidade (DC), patrocinado ou não por instituições do setor público, pode ser trabalhada numa perspectiva de participação popular, pois, historicamente, o usuário mais direto dessa prática são as camadas populares.

Ensinar profissionalmente a prática do DC tomando por base uma tal perspectiva impõe que se tenha um instrumental teórico-metodológico que responda às suas exigências. Ocorre que o DC não alcançou ainda amadurecimento adequado, surgindo, a partir daí, algumas sérias dificuldades para muitos que têm sob sua responsabilidade o seu ensino. Não há dúvida que alguns trabalhos vêm sendo desenvolvidos com sucesso, porém, nem sempre são divulgados em suas elaborações teóricas ou enquanto exercício prático. Alguns textos valiosos têm sido publicados, enfocando um ou outro aspecto do DC; mas, em geral, não chegam a abranger toda sua dinâmica, seja nos aspectos sócio-históricos, seja nos aspectos teórico-metodológicos.

Em face das dificuldades de bibliografia apropriada para o ensino do DC, algumas pastas foram organizadas e deixadas à disposição dos alunos com diversos textos mimeografados sobre aspectos gerais e sistemática de ação do DC, inclusive com relatos de algumas experiências. Isso surtiu efeito, mas revelou-se insuficiente, uma vez que muitos alunos preferiam apropriar-se dos textos a fim de poderem refletir melhor e tê-los em suas mãos para consultas demandadas pela prática. Outro aspecto de insuficiência é que o trato de alguns textos nem sempre foi desenvolvido em função do DC e, por isso, alguns vazios e adaptações possíveis deixavam sempre a descoberto elementos de análise necessários à compreensão da dinâmica social do DC. As avaliações semestrais do material didático usado nas aulas, somadas a certo pensar sobre as possibilidades de trabalhar mais profundamente os diversos temas que constituem o ensino da disciplina, terminaram por motivar a elaboração de alguns textos. Em função dessa motivação passamos a desenvolver alguns trabalhos de pesquisa em termos documentais e também em práticas de DC que se desenvolvem no cotidiano das instituições do setor público e também por iniciativa de setores populares. O desenvolvimento desses trabalhos sedimentou a decisão de tentar trabalhar todos os temas que constituem o programa da disciplina em seus aspectos teóricos e técnico-metodológicos a fim de facilitar as discussões e orientações exigidas pela prática pedagógica do ensino do DC. Em cima da decisão, veio a questão de por que não socializar o resultado com outros colegas. Aí está, portanto, o texto. A preocupação é facilitar o ensino do DC. Possivelmente, outros colegas professores têm também suas preocupações, suas formulações. Seria importante podermos intercambiar nossas experiências de ensino. Nos últimos semestres, utilizamos alguns dos capítulos aqui apresentados sob forma provisória de apostila. A utilização deles tem sido, sobretudo, em termos de análise e confronto com textos e experiências de vários autores que, de uma ou de outra forma, chegam a trabalhar o DC; não se destinam, portanto, a ser consumidos pelos alunos. O presente trabalho não está acabado. Importa ser discutido e confrontado, de modo a poder produzir experiência nova de produção de conhecimentos e habilidades que ajude realmente a chegar ao necessário amadurecimento teórico-metodológico da prática do DC.

Os primeiros capítulos (I a VII) correspondem à fundamentação teórica para a formação profissional do DC. Na nossa experiência pedagógica, são trabalhados num semestre do ensino de graduação. Os últimos correspondem às exigências de instrumentalização técnico-metodológica e são trabalhados num segundo semestre letivo de ensino. A preocupação desse trabalho é atender a estudantes de graduação e também a pessoas interessadas numa iniciação teórico-metodológica que ajude a deflagrar uma prática de DC voltada, sobretudo, para os interesses fundamentais da sua população usuária.

Convém ressaltar que alguns capítulos foram produzidos a partir de estudos e reflexões correspondentes a trabalhos de pesquisa que contaram com a valiosa contribuição dos seguintes órgãos: Pró-Reitoria de Pós-Graduação e Pesquisa da Universidade Federal de Sergipe (POSGRAP); Conselho Nacional de Desenvolvimento Científico e Tecnológico (CNPq) e Instituto de Economia e Pesquisa de Sergipe (INEP).

A todos estes órgãos, queremos deixar registrado o mais sincero agradecimento.

CAPÍTULO I

Desenvolvimento de Comunidade (DC): atualidade e importância

O desenvolvimento de comunidade é um processo pedagógico de ação junto às comunidades. Historicamente, na prática desse processo, as comunidades sempre se identificaram com os espaços de moradia das populações pobres. Na origem, as suas características e justificativas apontam o rural como espaço próprio dessa prática; atualmente, a sua dominância é o urbano. Um e outro, no entanto, são espaços privilegiados por ela.

De forma mais ou menos profunda, as populações se identificam com seus espaços de moradia. Essa identidade, através de elementos comuns aí presentes, produzem condições propícias aos mais diversos processos sociais. Entre estes, encontram-se as ações comunitárias, cuja força ou significação maior está no que se produz como organização social da população. Os movimentos sociais urbanos geralmente se destacam entre os processos sociais que, ultimamente, de modo contínuo, se fazem presentes nos espaços de moradia, coincidindo muitas vezes com a própria dinâmica das ações comunitárias. Considere-se, por outro lado, que a mobilização da população, com processos de organização que por vezes se estruturam a partir daí, põe em estado de alerta as engrenagens asseguradoras da ordem social. Nesse sentido, nas áreas de moradia, hoje, destacam-se também como processo social as ações da política social, que fazem ampliar cada vez mais a ação do Estado sobre os segmentos majoritários da população. Em todas estas situações, o DC, como processo técnico-metodológico de ação, tem sido chamado a atuar.

Historicamente, o DC se dirigiu sempre aos segmentos majoritários da população como usuários diretos dos seus processos de trabalho. Esses segmentos ou camadas populares são basicamente operários industriais, trabalhadores em serviços, camponeses e massa marginal. Também se identifica como um processo metodológico de ação dirigido à comunidade, o que faz com que muitas vezes ele se torne um processo de ação comunitária.

A ação do DC nos espaços de moradia vem se desenvolvendo quer através da iniciativa do setor público, quer através da iniciativa privada. Ela busca seus estímulos iniciais em processos sociais que podem ser analisados sob dois ângulos:

a) O dos **movimentos sociais** ou da identidade da população ante os problemas coletivos das áreas de moradia que impõem organização e enfrentamento comum.

b) O da **política social** que, apreendendo a movimentação da população em suas áreas de moradia como tensão social ou possíveis tensões, define mecanismos de controle que atuam cada vez mais diretamente nessas áreas.

Sob o ângulo dos movimentos sociais, as áreas de moradia passaram a ser áreas de mobilização e organização popular, à medida que se aguçam as contradições sociais, levando a população a um pensar e a um agir em comum diante dos problemas de consumo coletivo que enfrenta. Nessas últimas décadas, as contradições sociais se aguçam à proporção que se ampliam os mecanismos da exploração capitalista. O capital imobiliário, por exemplo, através de uma diversidade de mecanismos de especulação, afasta o trabalhador para áreas cada vez mais distantes dos seus locais de trabalho; o movimento próprio de centralização do capital, enquanto processo de penetração e exploração capitalista no meio rural, impõe a expulsão do homem do campo, enquanto a superpopulação e o desemprego já se acentuam gravemente nos centros urbanos. As diversas formas próprias de exploração do capital têm grande repercussão no meio urbano, onde se vem concentrando a grande maioria populacional do país. É sobretudo no meio urbano que os espaços de moradia se tornam suscetíveis de gerar movimentos e lutas. As limitações de espaço físico, no entanto, vão-se fazendo cada vez mais presentes não só no urbano, como também no rural. Além dos limites físicos desse espaço, a falta de condições mínimas de infraestrutura coletiva, como água, luz, esgoto, escola, posto médico, transportes etc. é sentida por todos e, como tal, facilmente passível de gerar movimentos de enfrentamento em busca de solução para tais necessidades. Nessa movimentação popular, alguns agentes externos se aliam e tentam contribuir para que ela gere organização e se estruture com uma condição própria de ampliar as condições de cidadania da população. O DC nesse processo, contribui como procedimento técnico-metodológico que ajuda na mobilização e organização popular em seus enfrentamentos e em suas ações.

Sob o ângulo da política social, as áreas de moradia passam a se destacar pelas próprias exigências de consumo formuladas pela industrialização. Esta gera, por um lado, exigências de modernização dos hábitos e costumes em virtude da ampliação do consumo dos bens industrializados, por outro, exigências de preparação e aperfeiçoamento da mão de obra em seus aspectos técnicos e disciplinares, para possível incorporação da população pobre ao mercado de trabalho. O DC é apreciado e requisitado pelas instituições do setor público como estratégia desta política global de modernização desenvolvimentista. No Brasil, esta política se implementa principalmente no final da década de 1950 e início de 1960. No entanto, é, sobretudo, a partir da década de 1970 e, mais especificamente, a partir das formulações e diretrizes do II PND (II Plano Nacional de Desenvolvimento), que as áreas de moradia passam a ser tratadas com maior destaque pela política social. O DC é considerado um dos meios de trabalho de interferência nessas áreas através da política social, a qual evoca a participação popular como condição importante para se chegar ao desenvolvimento global do país.

1. DC: processo presente aos movimentos sociais e à política social

O DC é requisitado como processo técnico-metodológico de ação, tanto pelos movimentos sociais como pela política social. Nessa requisição, explícita ou implicitamente, a participação social aparece como questão central. A participação é conteúdo básico do DC, seja na implementação dos programas da política social ou na implementação de processos originados dos movimentos sociais. No entanto, as perspectivas de um e outro são antagônicas e isso faz com que a participação social se coloque como uma das questões básicas do DC.

Aqui já se pode perceber tanto a atualidade do DC como as questões e contradições inúmeras em que está mergulhado, requerendo, por conseguinte, estudo apurado de suas ações, conceitos e diretrizes fundamentais, assim como das próprias estratégias metodológicas que utiliza. Na questão da participação, por exemplo, se poderia atentar para as perspectivas diferentes e contraditórias, que, no entanto, recebem a mesma denominação.

Quanto à importância do DC, não se pode pensá-la isenta desses mecanismos contraditórios. Uma das suas perspectivas, no entanto, é definir-se como processo educativo em função da organização social da população comunitária para enfrentamento dos seus interesses e preocupações e, consequentemente, ampliação das suas condições de cidadania. Tal importância pode ser visualizada tanto a partir do DC desencadeado através dos programas de política social como a partir do DC desencadeado pelos processos próprios dos movimentos sociais.

Como a participação é elemento básico às várias concepções do DC, é necessário considerar a sua diversidade de significações, pois nem sempre se direciona numa perspectiva de valorização e impulsionamento dos interesses da população usuária.

No âmbito da política social em geral, o traço mais comum da participação são as operações estruturadas em função da aceitação pelos comunitários de programas previamente estabelecidos. Participar é estimular-se para assumir a execução de ações previamente determinadas, assim como para assumir um conjunto de valores de modernidade, incorporando-os ao cotidiano das ações coletivas. Nesse sentido, as solicitações que se fazem ao DC refletem essa perspectiva. Ele deve instrumentalizar tecnicamente a ação profissional, de modo que esse tipo de participação se dê o mais eficazmente possível. Ora, o máximo da eficácia está em levar o povo à ilusão de que está participando quando, de fato, se torna cada vez mais submisso e objeto de decisões estranhas aos seus interesses e preocupações.

No nível dos movimentos sociais, o traço comum da participação é o exercício coletivo da tomada de decisões e da gestão das ações definidas e implementadas pela população comunitária. É, também, o exercício de articulação de forças sociais comuns, dentro e fora da comunidade. Também aqui as solicitações feitas ao DC refletem essa perspectiva. Ele deve estimular a participação através de exercícios diversos de reflexão e ação relativas aos interesses e preocupações da população, assim como em relação às suas condições reais e potenciais de organização social. Decidir e gerir os encaminhamentos necessários ao enfrentamento dos interesses comuns significa, também, exercício de ampliação das condições de cidadania e é isso que se espera de um processo real e objetivo de DC.

As áreas de moradia hoje, pelas possibilidades de articulação dos interesses comunitários, se tornam espaço de exercício de poder social assim como das condições de cidadania. Sem dúvida esse exercício se depara com a problemática das relações de trabalho como uma questão básica a ser coletivamente enfrentada. As ações de enfrentamento pedem, portanto, outras, que devem ser entendidas na dinâmica da totalidade social.

A partir dessa dinâmica, se por um lado as áreas de moradia se tornam espaços propícios às lutas da população, por outro, o simples indício de que tais lutas vão ocorrer passa a ser referência para a reatualização das funções de controle do Estado perante a população. Cada vez mais a política social do Estado e os mandatários das políticas partidárias chegam às áreas de moradia. O Estado realiza os seus objetivos de controle nessas áreas não só através de ações definidas a partir da política social, mas, sobretudo, através dos objetivos personalistas dos seus agentes políticos. Muitas vezes a população se organiza para reivindicar, apenas obedecendo às orientações de mando de um ou outro político, sem atentar para a significação de sua força social.

A importância do DC nas áreas de moradia é reconhecida; exige, contudo, análise crítica de toda esta dinâmica, sob pena de suas ações se diluírem ou se representarem apenas como ações aparentes, que não tocam a dinâmica fundamental da área.

Diante dos elementos de controle representados pelas ações do Estado e seus agentes políticos, considera-se que tais ações são definidas tendo como referência as lutas ou possíveis lutas da população. Nesse sentido, a conjuntura comunitária deve ser analisada, sobretudo, no intento de encontrar o "novo" que é indicador da presença do povo nessas decisões. As alternativas de ação educativa existem e podem ser, em princípio, percebidas através de uma análise de conjuntura que aponte não só o "novo" das ações desenvolvidas nas áreas, bem como as possíveis forças sociais internas e externas capazes de serem acionadas para assumir a direção deste "novo". Mesmo a partir da política social, portanto, os interesses da população não podem deixar de ser analisados com relação aos focos de poder externo e interno que a eles se somam.

Em suas contradições, os espaços de moradia podem se tornar espaços de transformação social. É nesse sentido que o DC passa a ser importante elemento de estudo e reflexão em função da prática pedagógica que tem a desempenhar.

2. DC e implicações teórico-metodológicas

O DC vem se identificando historicamente como um processo técnico-metodológico de ação comunitária. Enquanto tal, também historicamente demonstra relação direta com as demandas do contexto sócio-histórico em que se situa. Nesse sentido, direcionar sua prática em função dos usuários, que são as camadas populares, requer reflexões e redefinições contínuas. O contexto social é dinâmico e, assim, novos condicionamentos vão sendo implicados nos interesses e preocupações fundamentais da população usuária. Cidade e campo hoje se inflacionam de problemas. Por sua vez, a concretização cada vez maior da divisão de trabalho fragmenta a relação interna à família e entre as famílias. Nisso se dilui também o velho conceito de comunidade.

A partir do próprio conceito de comunidade, o DC exige reflexão e redefinição dos seus velhos conceitos. Pequenos ou médios aglomerados populacionais podem ser ou não uma comunidade, podem ter; internamente, interesses opostos que implicam a existência de mais de uma comunidade em uma única área.

Outro aspecto é a questão da identidade facilitada pela vivência em comum. Essa identidade tende hoje a desaparecer ou se apresenta enfraquecida ante os novos condicionamentos da conjuntura social. Hoje, as funções da família e da comunidade se tornam cada vez mais limitadas e várias das antigas funções são assumidas por instituições diferenciadas. Como diz Braverman, a exploração do trabalho tem a ver com estes limites:

> À medida que os membros da família, muitos deles agora trabalhando longe do lar, tornam-se cada vez menos aptos a cuidarem uns dos outros em caso de necessidade, e à medida que os vínculos de vizinhança, comunidade e amizade são reinterpretados em uma escala mais estreita para excluir responsabilidades onerosas... (1977, p. 238).

Alguns elementos de identidade desaparecem, mas aparecem outras formas, que requerem tratamento diferenciado; daí o DC requerer continuamente ser repensado e redefinido.

Não é sem razão, portanto, que os movimentos sociais e a política social vêm cada vez mais se efetivando nos espaços de moradia, requerendo, assim, reflexão e análise daqueles que profissionalmente fazem o DC.

Na dinâmica sócio-histórica, destacam-se diversas concepções de DC, diferenciadas quanto às suas estratégias metodológicas e quanto aos objetivos a serem atingidos. Ora, como o DC é, sobretudo, uma prática, é impossível acioná-la objetivamente sem que inicialmente se tenha uma visão desta problemática e um juízo ou concepção sobre o instrumental a ser utilizado nessa realidade.

A relação cada vez mais estreita que no Brasil se vem dando entre política social, movimentos sociais e desenvolvimento de comunidade como instrumento técnico-metodológico de ação comunitária é indicadora da sua importância na atual conjuntura nacional. Desconhecer as injunções dessa conjuntura significa reduzir o DC a simples artifício técnico de intervenção, justificador da própria reprodução social. A sequência dos estudos tem em vista desbravar caminhos e contribuir para a caminhada da prática profissional do DC. Essa prática, como se pode depreender, é importante sobretudo como estratégia técnico-metodológica de ação nas áreas de moradia, estimulando e contribuindo para que a população encontre meios de superação das contínuas injunções econômicas, políticas e culturais a que estão sujeitas. Estas injunções, movidas inclusive por formas ideológicas de submissão, restringem as condições de existência da população, fazendo com que a pauperização crescente seja processo autoconsentido e autojustificado. Apesar desses condicionamentos, o processo de cidadania da população deve crescer e o DC deve ser um dos meios de realização desse crescimento.

CAPÍTULO II

Atuação comunitária e processo de cooperação social

O DC é uma forma e um processo de cooperação social. Sua atualidade e importância têm, nesse processo, algumas raízes que precisam ser compreendidas para que ele seja assumido em sua significação sócio-histórica, assim como em suas relações similares e/ou antagônicas com outros processos de atuação comunitária.

O homem sempre buscou a cooperação como forma de superar as barreiras naturais e os problemas criados pela forma de processamento do desenvolvimento social. Não se têm dúvidas de que essa cooperação é também buscada, principalmente nos tempos atuais, como forma de alguns grupos usufruírem mais das ações desenvolvidas por outros. Tragtenberg faz referência a formas de cooperação que terminam por responder a necessidades de afirmação do modo de produção capitalista. Da cooperação simples chega-se à cooperação da manufatura e à cooperação da indústria. Sobre a cooperação em geral, diz Tragtenberg:

> A cooperação assume formas diferentes segundo as relações sociais existentes; ela é uma quando faz propriedade comum, outra, na relação

senhorio e servo e assume formas específicas na relação capital e trabalho (Tragtenberg, 1979, p. 69).

A cooperação a que nos referimos na proposta de DC é a cooperação de segmentos da população que têm interesses e preocupações comuns, dada a mesma posição que ocupam no processo de produção das condições materiais da existência humana e social. Isso não significa desconhecer a existência de outras tendências que historicamente se fazem presentes no DC, inclusive com certa dominância.

A cooperação, como um processo social buscado pelo homem em sua origem, abre caminhos para a formulação de mecanismos instrumentais que fazem dela um processo complexo também utilizado pelo homem para se defender das barreiras sociais criadas pelo próprio homem.

A ação comunitária é uma forma de cooperação que tem como objeto e objetivo a superação das barreiras que, no nível da comunidade, impedem o desenvolvimento do homem enquanto ser coletivo. Ela se revela um instrumental que se caracteriza pela identificação de problemas, interesses ou preocupações de ordem comum, pela organização para pensar em comum as decisões sobre os mesmos e pelo desempenho das ações decididas. Esse instrumental da ação comunitária tem sido apropriado em função de outras formas de atuação comunitária que, no fundamental, lhe são distintas: referem-se a objetos e objetivos que pouco ou nada têm em comum com os interesses e preocupações comunitários. Historicamente, pode se identificar diversos processos de atuação comunitária que utilizam o mesmo instrumental de modo que compreender o DC supõe compreender suas relações e inter-relações com esses processos. Eles implicam as diversas tendências que buscam sempre a cooperação como bandeira e justificativa de progresso e desenvolvimento. Entre os processos de atuação comunitária estreitamente ligados ao processo técnico-metodológico do DC distinguem-se:

— ação comunitária;

— ação social;

— organização de comunidade.

Todos esses processos têm como base de ação a comunidade. Alguns são anteriores, outros surgiram concomitantemente ao DC, mas, apesar das diferenças existentes, o reconhecimento social desses processos se origina em demandas que são comuns a todos eles. Além destes, é importante considerar a existência de outras formas de cooperação pensadas e articuladas socialmente.

1. A cooperação e o desenvolvimento social

Em face das diferenciações sociais caracterizadas pela divisão social do trabalho e pela apropriação ou não apropriação privada dos bens de produção e instrumentos de trabalho, nas sociedades capitalistas distinguem-se tipicamente dois grandes grupos:

1. os que garantem suas condições de existência através da apropriação dos bens de produção e instrumentos de trabalho;
2. os que garantem sua condição de existência através da venda da sua força de trabalho.

As relações entre esses grupos se caracterizam essencialmente pelo conflito, cujo germe está implícito na acomodação de que essas relações muitas vezes se revestem.

A existência de condições, problemas e interesses comuns em cada um desses grupos faz com que a verdadeira cooperação deixe de ser um elemento característico das relações entre segmentos da população de condições, problemas e interesses antagônicos. É bom estabelecer, portanto, que, no seio da sociedade, existem grupos cujas diferenciações são típicas e fundamentais. Nesse sentido, uma comunidade se desenvolve não só à proporção que se desenvolve a capacidade criadora do homem para superar as barreiras da natureza, mas, sobretudo, à medida que tal capacidade criadora é colocada a serviço da superação das barreiras sociais que impedem diversos segmentos da população de participarem na definição dos objetivos sociais, de controlar a operacionalização destes objetivos e de usufruir dos benefícios do progresso social.

Cada um dos grupos ou classes contém em si uma série de outros grupos multifuncionais e relativamente abertos, integrados por indivíduos com diferentes condições de reprodução da existência, mas que têm em comum o modo, a forma de obter essa condição de reprodução, que é a venda da força de trabalho.

A cooperação supõe objetivos e interesses comuns no que diz respeito às condições básicas de existência das camadas populares, ou seja, no que diz respeito à própria realidade do trabalho como meio de reprodução da existência. A suposta cooperação existente entre grupos de interesses e objetivos diferenciados e antagônicos não é mais que uma cooperação artificial e mascarada.

O desenvolvimento social implica cooperação, e o desenvolvimento comunitário é um dos meios dessa cooperação necessária.

Entre as ideias e práticas de cooperação surgidas através dos tempos, não se pode deixar de reconhecer o idealismo de Fourier ao imaginar a criação de falanges tendo como laços unificadores o amor, a simpatia e a atração natural. As falanges de Fourier eram compostas de 24 a 32 grupos, de 7 a 9 pessoas cada um. Para cada falange, deveria existir um falanstério, isto é, uma habitação coletiva onde viveriam os seus membros.

Outra ideia de cooperação são as oficinas nacionais de Louis Blanc, a serem equipadas e dirigidas por associações nacionais de trabalhadores que elegeriam os dirigentes, regulamentariam a indústria e providenciariam a distribuição de lucros.

As ideias de cooperação de Robert Owen também merecem destaque. Preocupado com o desenvolvimento social, formulou a teoria de que o homem está tão sujeito ao meio social em que vive que até mesmo seu caráter é determinado por ele. Para Owen, deve-se proporcionar ao trabalhador oportunidade de iniciativa industrial e cooperação. Suas ideias influenciaram a experiência dos 28 tecelões de Rochdale que, em 1844, organizaram a primeira sociedade cooperativa de consumidores.

Conforme Small (1965, p. 341), o espírito de cooperação se expressa através de senso de comunidade cada vez mais profundo. Ora, se tal acontece, para ser profundo, ele impõe a existência de interesses e objetivos comuns no que diz respeito aos elementos mais fundamentais da existência humana: os meios de reprodução física e social do homem. Estes são os principais estímulos da cooperação. Foram eles que levaram à formulação de modos de cooperação representativos das forças sociais dos grupos que têm suas condições de existência baseadas na venda da força de trabalho. Entre estes modos, destacam-se o sindicato e o partido, elementos que não podem ser ignorados pelo profissional do DC.

O sindicato tem por base a união e organização dos trabalhadores com objetivo de defesa contra a exploração do trabalho da criança, da mulher e do homem.

Seguindo Mabbott (1968), os sindicatos surgiram como associações de empregados organizados com o objetivo de disporem de uma arma na negociação com os empregadores comparável à que os empregadores utilizam: a demissão.

O sindicato trabalhista é, em geral, concebido como forma de associação da população trabalhadora, tendo em seus objetivos uma perspectiva socialista. A sua estrutura orgânica se baseia no princípio da representatividade de indivíduos especialmente eleitos para representar, ordenar e coordenar os interesses apresentados pela população trabalhadora que tem atividades comuns. Na sua estrutura de representatividade, o sindicato tem em vista o princípio da direção coletiva, visto que a direção individual corresponde a uma concepção individualista, que se afasta da coletividade.

O partido é outra forma de cooperação encontrada pela população para a representação e defesa dos seus interesses. A origem do partido é remota, sendo conhecido já na *polis* ateniense. Nos dias atuais, porém, não são mais que o produto de uma longa evolução, conforme diz Lipson (1966, p. 391), acrescentando que, nessa evolução, a continuidade não é menos significativa que a transformação:

> Onde quer que uma suficiente diversidade ocorra entre os interesses que compõem uma sociedade, e o sistema político facilite uma oportu-

nidade para combinarem, os homens congregar-se-ão em grupos mais ou menos formais, mais ou menos coesos [...] a fim de proteger o que estiver sujeito a riscos e estender a influência desses grupos a esferas mais amplas (Lipson, 1966, p. 391).

Para Lipson, partido não é o mesmo que um grupo de pressão, apesar de ambos se caracterizarem como associações de indivíduos com objetivos comuns. Um partido tem funções e propósitos diretamente políticos. Se a política supõe opção, decisão e ação ante uma dada realidade, o partido é um meio de arregimentação de forças sociais no sentido de fazer com que certas decisões favoráveis a determinados grupos sejam tomadas através da interferência dos representantes escolhidos e embasados na força de tais grupos. Neste sentido, continua Lipson, a substância do partido é baseada na sociedade e grande parte da sua forma é baseada no Estado. A organização é a essência vital do partido. O poderio da organização, no entanto, pode fazer com que o partido se torne inerte, por fazer da organização um fim e não um meio.

O sindicato e o partido continuam sendo formas atuais de cooperação. Tem havido, no entanto, crescente ação do Estado para cooptar estas organizações quando elas têm como substância principal as demandas dos trabalhadores. As ações de cooptação fazem com que o sistema de relações de alguns grupos internos se aglutinem cada vez mais, enquanto outros passam a assumir as demandas do Estado, transformando-se estes organismos num sistema de correlação de forças em contraposição. Estas forças podem pesar mais ou menos em função dos seus objetivos explícitos, conforme a consciência organizativa da população em cada uma dessas organizações. Como diz Karl Mannheim (1962, p. 140), "consciência de classe, em si, não engendra uma classe atuante, constitui apenas o solo para o crescimento mais fácil de atividades semelhantes, o solo favorável ao desenvolvimento de certos movimentos sociais, os quais, contudo, por si sós, não garantem a vitalidade de uma classe".

Os partidos e o sindicato são exemplos de cooperação; as suas organizações, porém, não são significativas de uma classe atuante se de fato eles não representarem a ação das forças daqueles que a constituem. Numa realidade concreta, é preciso levar em conta que as forças sociais da classe trabalhadora estão continuamente sendo atingidas por mecanismos contrários aos seus interesses. Uma diversidade de instituições e ideologias atuam precisamente no sentido de desviar e/ou desestabilizar as forças organizadas. A classe trabalhadora, apesar de quantitativamente numerosa, possui como mecanismo de poder simplesmente a sua organização. Contrariamente, aqueles que detêm a posse dos bens e instrumentos de produção conseguem utilizá-la em função da apropriação também do domínio sobre os homens, sobre a classe trabalhadora. Várias ideias e práticas são institucionalizadas nessa direção. Tem-se, portanto, que a cooperação, como tendência natural daqueles que têm objetivos e interesses comuns, é perpassada por outros tantos interesses que a confundem e levam até a ações contrárias aos objetivos da própria classe. Os interesses dos grupos mais fracos são muitas vezes institucionalmente apropriados, a fim de convertê-los no interesse do grupo mais forte.

Em relação ao partido, diz Gramsci (1978, p. 22):

> Embora cada partido seja a expressão de um grupo social, ocorre que, em determinadas condições, determinados partidos representam um grupo social na medida em que exercem uma função de equilíbrio e de arbitragem entre os interesses do seu grupo e na medida em que buscam fazer com que o desenvolvimento do grupo representado se processe com o consentimento e com a ajuda dos grupos aliados e muitas vezes dos grupos decididamente inimigos.

Segundo Gramsci, *O príncipe*, de Maquiavel, na sua existência moderna, é representado pelo partido; o partido político é a primeira célula na qual se aglomeram germes da vontade coletiva que tendem a se tornar universais e totais.

Além do partido e do sindicato há outras formas menos estruturadas, mas também representativas da cooperação e da força social da população trabalhadora. O auxílio mútuo entre vizinhos e grupos que moram numa mesma área é um exemplo. A prontidão do auxílio mútuo ou a ajuda mútua é mais presente na população em época da crise. É esta ajuda mútua que vai dar lugar à conceituação da chamada ação comunitária. É importante ter presente que a força social da cooperação provém da consciência de *classe social* que, segundo Florestan Fernandes (1971, p. 74), como fenômenos apresenta as seguintes manifestações histórico-sociais:

> a) é um grupo multifuncional e relativamente aberto, constituído por indivíduos que possuem a mesma capacidade de disposição de bens e serviços econômicos;
> b) em consequência da qual os seus componentes compartilham interesses sociais paralelos, reputam-se iguais (apesar de todas as diferenças manifestas que possam existir entre si), e encaram os componentes de outros grupos da mesma natureza como "superiores" e "inferiores", deles esperando ou exigindo tratamento equivalente;
> c) e graças à qual lhe são garantidas idênticas oportunidades de especialização ocupacional, de acumulação de riqueza, de distribuição do ócio, de aquisição de prestígio, de participação da cultura e de exercício da autoridade;
> d) que por sua vez condicionam e variam com o grau de consciência dos interesses e ideais comuns...

O reconhecimento da tradição e da perspectiva das ações possíveis de serem desenvolvidas nas comunidades e pelas comunidades faz com que, em um determinado momento histórico, estas ações sejam valorizadas teórica e praticamente, surgindo daí a ação comunitária, a ação social, a organização de comunidade, o desenvolvimento de comunidade, entre outras práticas que têm a comunidade como unidade de ação e cooperação.

Estas práticas comunitárias, no entanto, são limitadas e carecem de articulação com outras práticas de cooperação representativas da força social da população comunitária, para que adquiram um maior peso em termos de significação social. Daí a importância de levar em conta o sindicato e o partido e outras formas de organização que têm por base a cooperação social baseada nos elementos comuns de reprodução da existência de diversos grupos sociais.

2. A ação comunitária

Há uma diferença entre ação comunitária como processo técnico-metodológico e ação comunitária como processo social espontâneo. Como processo espontâneo, vai se articulando nas comunidades à medida que os próprios desafios da natureza e os sociais vão levando o homem a procurar formas adequadas de reação a eles. Encontrar tais formas significa buscar a cooperação para a realização de ações comuns em torno dos problemas comuns que afetam a comunidade.

Historicamente, a ação comunitária passa a existir como forma de, em comum, o homem fazer frente às intempéries da natureza e, posteriormente, aos próprios embates sociais que se vão institucionalizando, de modo a deixar alguns grupos sociais em situação de confronto ante a exploração a que são submetidos. Ela é uma prática de ajuda mútua e cooperação que se articula e se opera a partir da comunidade. Enfrenta os desafios sociais a que a população comunitária é submetida, mesmo aqueles que visivelmente afetam de modo individual um ou outro membro da comunidade. A partir desses desafios é que determinadas formas de cooperação comunitária, tipo mutirão, caixas de ajuda etc., vão se estruturando.

A ação comunitária como processo social espontâneo assume novas variáveis à medida que a família, unidade básica da comunidade, já não é mais o centro da produção material necessária à sua existência e que surgem novas formas de exploração da natureza e dos bens sociais. Estas novas formas de exploração se apresentam com maior vigor com a solidificação do capitalismo. A dinâmica imperialista desse processo de produção ultrapassa as fronteiras do Estado nacional, deixando claro que o capitalismo não tem fronteiras. Ao contrário, requer relações cada vez mais abrangentes, capazes de possibilitarem formas de exploração mais eficazes à sua reprodução.

Uma das formas de expressão da dinâmica capitalista são as relações de dominação e dependência existentes entre os países.

As alterações e mudanças que vão se dando no capitalismo atingem as camadas populares com potencial sempre mais elaborado de exploração. Os países da América Latina, com suas características de dependência, têm, sobre a maioria de seu contingente populacional, os elementos próprios de exploração interna de cada país, aliados aos elementos de exploração das suas relações de dependência.

Nessa região, a situação de subdesenvolvimento e dependência amplia os problemas sociais e, ante a realidade de crescente complexidade social, situações antes comuns de cooperação tendem a se diluir. A competição e o conflito assumem o lugar da cooperação em situações de interesse imediato e essa realidade tende a ser interiorizada pela população como característica comum às camadas populares, além das de ignorância e incapacidade, também inculcadas. A ideologia dominante inspira e dá condições de sustentação a essa realidade, que é aparente. A consciência popular é afetada por essa ideologia, produzindo muitas vezes indivíduos atuantes que se encarregam de fazer a veiculação da ideologia dominante no seio da sua própria classe social. Não se pode pensar, portanto, a consciência das camadas populares como consciência pura, e tudo isso é significativo, por se tratar de situações novas a serem enfrentadas pela ação comunitária. Diferentes e contínuos condicionamentos fazem agora com que o processo de cooperação, elemento básico, tenha de enfrentar, no nível da aparência, dificuldades e justificativas capazes de bloquear o seu surgimento espontâneo. O processo de cooperação e, mais que isso, de organização da população, torna-se, no entanto, cada vez mais necessário para fazer face às barreiras criadas, que implicam uma situação de maior exploração da população atingida. É diante desta realidade que a ação comunitária passa a ser pensada como processo técnico-metodológico de estimular e animar a população comunitária a refletir sua realidade além da aparência e a agir sobre ela de acordo com as exigências da realidade desvendada. É todo um processo crítico de reflexão-ação que deve ser desenvolvido, de modo que a população se posicione e aja objetivamente ante sua realidade concreta.

À medida que a ação comunitária se caracteriza como ação cuja origem é a cooperação, sua prática chama a atenção de muitas instituições. Chama a atenção como *instrumento*, como *meio* e, nesse sentido, em geral, a cooperação é trabalhada como realização de objetivos nem sempre comuns à população comunitária. A ação comunitária recebe, assim, um encargo que, além de não estar em sua origem, tira uma de suas características fundamentais que é a *cooperação* em função de interesses e preocupações básicas e comuns à população comunitária:

> Ação comunitária é resultante do esforço cooperativo de uma comunidade que toma consciência de seus próprios problemas e se organiza para resolvê-los por si mesma, desenvolvendo seus próprios recursos e potencialidades, com a colaboração das entidades existentes (CBCISS, 1967).

A ação comunitária é resultante do esforço cooperativo de uma comunidade, esforço tanto mais valioso quanto mais consciente. Ele, no entanto, por vezes, precisa da ajuda externa, tendo em vista que a comunidade cada vez mais se torna dependente de um poder centralizado e de condições materiais de existência que se centralizam e se desenvolvem sob o controle de alguns grupos sociais restritos. A comunidade hoje já não assume funções sobre as condições de saúde, educação, segurança, comunicação, produção material etc. como antigamente. Se ela não mais assume, não pode, consequentemente, só com seus próprios esforços, responsabilizar-se pelos problemas existentes nesses setores expressivos da sua realidade mais global. O organizar-se para resolvê-los por si mesma significa, pois, articular-se em nível da sua própria força social. Essa força social se faz presente dentro e fora da comunidade e tem como aliados todos aqueles comprometidos com os seus interesses fundamentais. Resolver os problemas sociais que se expressam na comunidade significa resolvê-los no nível do poder social que a população comunitária vai articulando, utilizando recursos sociais existentes, instituídos ou não através do Estado, sem, contudo, ser cooptada por interesses antagônicos. A prática social decorrente de toda essa dinâmica, que implica pensar e agir, resulta no desenvolvimento dos próprios recursos sociais e potencialidades comunitárias.

Outra concepção de ação comunitária chama a atenção para a organização social da população, apontando, principalmente, para a necessidade de, através dessa organização, atingir maior grau de controle sobre o processo de trabalho, distribuição de bens materiais produzidos e prestação de serviços:

> Processo mediante o qual distintos grupos se articulam para levar a cabo ações planejadas *por eles*, que têm como objetivo não só o desenvolvimento dos meios e recursos produtivos que se encontram a sua disposição (ou que o processo porá à disposição de tais grupos), mas também conseguir um maior grau de controle de seu processo de trabalho, da distribuição dos bens materiais produzidos, da prestação de serviços, que, via instituições governamentais, de direito lhes cabem (Pinto, 1980).

Implícita ou explicitamente, a ação comunitária conserva a característica básica da sua origem, que é a organização e cooperação conscientes para enfrentamento de problemas e objetivos comuns. *Nisto também se distingue de outros processos sociais, fazendo-se esses elementos indicadores básicos para uma reflexão crítica sobre as ações ditas comunitárias*, mas que, na verdade, têm como consequência a dissimulação dos problemas reais da população e o seu envolvimento em interesses e objetivos que em essência são antagônicos.

A ação comunitária não teria muito a chamar a atenção das instituições sociais se não fosse significativa enquanto exercício de cooperação e organização das camadas populares. Aí está a sua importância e é nesse sentido que ela, como processo técnico-metodológico, se estrutura e atua. Ante a sua significação é que algumas formas de exercitar essa cooperação são contraditoriamente também buscadas para fazer frente aos problemas de funcionamento social, dando-se às mesmas o nome de ação comunitária. Em função desse processo, que se torna um tanto exterior às exigências da população, é importante que se examine outro processo, o de ação social, assim como suas condições sócio-históricas.

3. A ação social

A ação social às vezes é discutida no sentido de saber a significação da conduta humana que impulsiona as ações. Não é esta, contudo, a significação que se procura.

Historicamente, a ação social está ligada às formas de assistência que muitas instituições assumem em função daqueles indivíduos que, devido a obstáculos de idade ou enfermidade física, mental ou social não conseguem usufruir os bens necessários à existência. O social aqui tem um significado específico. Como "problema social" especificam-se as mães solteiras, os destituídos do lar, as famílias-problema e os párias. Este social aparente se agudiza e se amplia enormemente com o movimento da acumulação capitalista. É em função da diminuição dos riscos sociais possíveis de serem desencadeados pela população envolvida nestes problemas que a ação social se corporifica como um dos elementos básicos da política do Estado e tenta atingir em massa esta população. Inicialmente, particulares e religiosos tentam assumir a questão social como uma questão de caridade religiosa. A ampliação e complexidade dos problemas, no entanto, que afetam continuamente a ordem social, passam a requerer a presença do Estado, que assume formas de ação já existentes e cria outras tantas.

Com o avançar do capitalismo, o Estado se moderniza e assume novas funções. Já não se põe em destaque tão somente sua função de defesa da soberania nacional. A ordem interna agora passa a ser preocupação básica. A multiplicação dos problemas impõe a presença do Estado e dos seus instrumentos de coação junto às camadas populares, que se colocam como alvo desses problemas. O Estado, no entanto, aos poucos, aprende que tratar os problemas sociais como problemas de polícia é colocar a população atingida contra si mesmo e ele precisa da sua adesão. A ação social e, posteriormente, a política social são instrumentos que ele pode utilizar na busca de legitimidade.

A ação social passa a ser pensada e elaborada por alguns agentes não só a nível conceitual, mas também no nível metodológico. Nesse sentido, pode-se considerar alguns dos seus conceitos:

> [...] ação consciente, geralmente com base num planejamento com a qual se pretende influir positivamente num ambiente social (Smith, 1962).

> [...] processo dinâmico que impulsiona o progresso social através de disposições legislativas ou de outra natureza, devidamente planejadas e coordenadas, visando alcançar resultados em massa (CBCISS, 1962, p. 62).

Como se vê, há uma preocupação na ação social que é alcançar resultados em massa e atingir o maior número possível de indivíduos. As disposições legislativas são utilizadas, e as ações em geral são planejadas e racionais. A ação social é definida pelo Estado ou pelo seu contexto institucional e não pela população a ser atingida. O objetivo da ação, no geral, não é atender aos objetivos da população e, sim, aos objetivos de controle da ordem social.

Os primeiros embates da Revolução Industrial capitalista, que culmina com a primeira grande crise mundial, impõem o despertar do Estado para o social. Para uns, o problema social era proveniente da degradação da personalidade humana e, por isso, o mesmo tinha de ser resolvido individualmente. Para outros, o problema social despertado era proveniente da falta de reformas sociais adequadas, requerendo, portanto, ação do poder público. E nesse sentido de reforma que algumas experiências privadas de ação junto aos problemas sociais são posteriormente assumidas pelo Estado.

A ação social se coloca na perspectiva daqueles que consideram que o problema social deve ser resolvido através de reformas implementadas pelo poder público. Ela é, sobretudo, uma política de ação assumida pelo Estado; no entanto, é mais que isso, é também o modo de implementação desta política.

Como modo de agir, a ação social está estreitamente ligada à filosofia do bem-estar social dos países economicamente desenvolvidos.

Nestes, a ação social assume uma conotação diferente da conotação dada ao *desenvolvimento*, visto que se dirige a países industrializados. "Uma parte dos recursos assim criados seria utilizada para financiar serviços sociais para todos e ajuda social aos desfavorecidos [...] é um fardo imposto ao desenvolvimento econômico" (Dasgupta, 1979, p. 3).

Desenvolvimento aqui é pensado como instrumento operacional das ações necessárias às regiões subdesenvolvidas. O desenvolvimento se dirige especialmente aos países não industrializados.

Desenvolvimento "é um método de mudança, introduzido nas antigas colônias para elevar o padrão de vida de seus povos ao nível de seus antigos dirigentes [...]. Ação Social e desenvolvimento são expressões adotadas para indicar não apenas dois métodos de mudança; [...] estes métodos dizem respeito a duas culturas mundiais distintas: numa, o bem-estar é a verdadeira preocupação; na outra, o desenvolvimento tornou-se o principal motor da vida" (Dasgupta, 1979, p. 1).

A diferença existente é sutil, uma vez que, se o desenvolvimento se dirige à população pobre, também este estado de pobreza seria encontrado nos países industrializados caso se extinguisse o Estado-providência, o Estado do bem-estar social. Ambos não levam em conta as condições estruturais da pobreza. Com isso, tanto um como outro têm como preocupação maior a criação de condições de controle para garantia da ordem social.

Como diz Dasgupta (1979, p. 17), "os planejadores foram bem intencionados; eles tentaram ajudar os desfavorecidos. Mas o imperialismo no passado fizera a mesma coisa, assumindo como dever a tarefa de levar os frutos da civilização às culturas pagãs, pré-científicas e pré-renascentistas. As boas intenções nem sempre levam a bons resultados".

Como método, a questão da ação social é encontrar meios eficazes de realização dos programas definidos fora da população a que se destina. Estes meios, contudo, são sempre artificiais, fora da população, por se tratarem de conteúdos definidos fora dos seus interesses e objetivos.

Enquanto ideia, a ação social tem a ver também com a organização de comunidade que surge nos Estados Unidos com o objetivo de realizar o bem-estar social.

4. A organização de comunidade

A arte ou o processo de organização de comunidade surge como ação eminentemente urbana. A preocupação era a reconstrução da pequena comunidade que se desestruturara com os novos modos de organização da produção. Mais especificamente, com a revolução urbano-industrial, a família já não desempenha as antigas funções de organização econômica da produção, de iniciação profissional dos filhos. Os padrões e normas de comportamento e relacionamento são desarticulados.

Com a economia urbano-industrial de moldes capitalistas, a população se concentra nas cidades e, aí, as situações de desorganização e miséria se tornam cada vez mais evidentes e passíveis de reações contra a ordem social estabelecida.

Não se levando em conta as causas de desestruturação da comunidade, tentam-se encontrar meios de aproximações e relacionamento entre os homens: recursos sociais, disposições normativas, programas de ação que despertem e estimulem a reconstrução da comunidade com vistas ao bem-estar social.

Murray Ross (1964, p. 14), referindo-se a vários autores, diz que "todos eles consideram as relações interpessoais e distantes da cidade como fatores que contribuem para a incapacidade do homem encontrar segurança no mundo ocidental: solidão, ansiedade, depressão, neuroses são generalizadas e atingem profundamente o homem em seu esforço para alcançar dignidade, estabilidade e felicidade".

As colocações de Murray Ross acrescentam aos problemas sociais os de caráter psicossocial provenientes da civilização urbano-industrial.

Em relação aos problemas apontados por Murray Ross, já no início do século XX se encontram trabalhos com idêntica preocupação. Em 1902, há o trabalho de Georg Simmel, *A metrópole e a vida mental*. Em 1906, o de Robert Park, *A cidade: sugestões para a investigação do comportamento humano no meio*. Em 1921, o de Max Weber, *A cidade*. Em 1938, o de Louis Wirth, *O urbanismo como modo de vida*.

Nesses trabalhos, privilegia-se a dimensão ecológica, demográfica e psicocultural. E são estas dimensões que nortearão as formulações da organização de comunidade como processo que se preocupa com a realidade comunitária de determinada área geográfica. Estas formulações, em alguns autores, denotam uma ação que se dirige aos problemas de relações entre grupos.

"McMillen afirmava que a Organização de Comunidade envolve relações nos grupos e entre os grupos, a fim de alcançar integração progressiva na vida comunitária."

Mais ou menos dentro desta preocupação, diz Kenneth Pray que o objetivo central da organização de comunidade é "facilitar o progresso atual de ajustamento social das pessoas através do desenvolvimento e uso construtivo das relações sociais..." (CBCISS, 1972, p. 8).

As preocupações para com as formulações da organização de comunidade, no entanto, atingem também outras dimensões, como a de Dunham, que diz ser a organização de comunidade "[...] a arte ou processo de suscitar e manter ajustamento entre recursos e necessidade de bem-estar social, num campo geográfico, ou campo especial de serviço" (CBCISS, 1972, p. 7).

Além da dimensão assumida, ainda em suas pesquisas, Dunham identifica nove categorias diferentes de práticas de organização de comunidade: "planejamento de bem-estar social e saúde, operação de caixas comunitárias [...] administração de intercâmbio de serviços sociais, promoção de programas em campos especializados, pesquisa, relações públicas, análise e promoção da legislação e ensino da Organização de Comunidade" (CBCISS, 1972, p. 11).

Como se pode depreender, estas nove formas de prática de organização de comunidade estão intimamente relacionadas à ação social. Murphy concebia a ação social como uma técnica utilizada na prática da organização da comunidade. Já Murray Ross questionava a validade da imposição das metas de ação social do profissional sobre a comunidade. O fato é que a organização de comunidade surge como ação a ser desencadeada junto aos males do processo de industrialização existentes nos países ditos desenvolvidos.

Nas diversas colocações, fica patente a preocupação com o ajustamento social da comunidade. Os determinantes desta ação são entendidos na forma positivista dos fatos aparentes movidos por uma concepção humanista em que coloca as intenções de altruísmo e solidariedade como objetivos a serem alcançados em função da solução dos problemas socialmente criados.

Enquanto metodologia de ação, a organização de comunidade se aproxima da educação social, a qual tem seu surgimento e evolução com as críticas que se fazem à educação formal como educação livresca e separada da própria realidade social. Desenvolvendo-se a sociabilidade, a solidariedade e a preocupação para com o bem-estar social se estaria atingindo o cerne dos problemas.

A partir da Primeira Guerra Mundial, o caos social, já evidente na desestruturação da família, da comunidade e nas necessidades sociais que se ampliam ante a desvalorização da força de trabalho e concentração das riquezas, é assumido como preocupação, principalmente por causa dos desafios estimulados pela Revolução Russa. Com esta preocupação, é que muitos trabalhos voluntariamente dirigidos às comunidades passam a ser sistematicamente estruturados e socialmente reconhecidos como respostas necessárias aos gritantes problemas sociais.

A organização de comunidade tem sua origem nos Estados Unidos com a preocupação de reconstrução da pequena comunidade nos países industrializados. Já o DC tem sua origem na Europa, particularmente na Inglaterra, a partir de preocupações dirigidas às colônias africanas. A conjuntura sócio-histórica, das realidades onde se operam esses processos possui diferenças básicas. Em termos estruturais, no entanto, a problemática central é a da exploração capitalista que, com suas diferenças conjunturais, se faz presente nas camadas populares, seja nos países de capital monopolista, seja nos dependentes.

A ação comunitária e a ação social são formas originárias de ação nas comunidades. A primeira, de iniciativa da própria comunidade. A segunda, de iniciativa pública, dirigida a essas mesmas comunidades.

A ação comunitária continua um processo atual e necessário. Em face das transformações sociais e novas exigências conjunturais, os elementos instrumentais de sua prática são trabalhados em função da sistematização de algumas diretrizes técnico-metodológicas que ajudem a superar os novos problemas a serem enfrentados. Como tal, a ação comunitária se identifica com o DC enquanto processo pedagógico de descobrimento da realidade social objetiva e de ação sobre esta.

A ação social, em suas disposições legislativas e diretrizes de ação identifica-se, de um lado, com a política social e, de outro, com a perspectiva instrumental do DC, na qual este é buscado como meio de viabilizar a operacionalização da política social. Essa perspectiva, na prática, alimenta a reprodução social.

A organização de comunidade se origina nos Estados Unidos e penetra na América Latina desde a década de 1940. As motivações dessa região, no entanto, elevam-se, sobretudo, em função do DC, cuja característica é ser um processo de trabalho assumido pela iniciativa pública, dirigido às áreas subdesenvolvidas e especialmente às áreas rurais. A organização de comunidade tem como característica ser um processo dirigido ao meio urbano, às regiões urbanas industrializadas e, em geral, assumido pela iniciativa privada.

Seja a ação comunitária, ação social ou organização de comunidade, a base de ação é a comunidade. Alguns aspectos da dinâmica da própria realidade social são evidenciados, seja qual for a terminologia. As demandas sociais em função desses processos mostram aspectos comuns, assim como diretrizes de ação para responder a essas demandas. O DC, quer em termos de demandas, quer em termos de respostas, mostra-se historicamente vinculado de forma estreita a todos esses processos. Nesse sentido, compreender o DC supõe compreender todas estas formas de ação.

CAPÍTULO III

Identidade e processo histórico do DC

O processo de ação comunitária, como já considerado, em sua formulação espontânea apresenta certa engrenagem metodológica. É a partir do reconhecimento e valorização dessa engrenagem que muitos outros processos que têm a comunidade como referência passam a ser criados e valorizados.

A organização da população comunitária para que esta desenvolva determinadas ações é ponto central para tal reconhecimento e valorização. Na saúde pública, por exemplo, o dr. Charles Edward A. Winslow, em 1920, considera que os esforços organizados da comunidade são peça fundamental. Para ele a saúde pública assim se define:

> É a ciência e a arte de prevenir a doença, prolongar a vida e promover a saúde e a eficiência física e mental através dos esforços organizados da comunidade (CBCISS, 1965, p. 37).

Os esforços da comunidade constituem requisito fundamental para que os bloqueios que impedem as condições necessárias de saúde pública sejam desafiadas e enfrentadas.

A educação de adultos é processo considerado necessário ao desenvolvimento social e busca os esforços organizados da comunidade para que tal educação se realize.

Desenvolvimento de comunidade é ação comunitária e nesta ação encontra sua origem como processo que tem por base o enfrentamento dos interesses e preocupações da população comunitária. O reconhecimento oficial do DC, no entanto, se faz valorizando, sobretudo, ou tão somente, a instrumentalidade possível de ser detetada nas ações comunitárias — a mobilização da população; a organização em torno de determinada motivação; o desenvolvimento coletivo de determinadas ações são elementos possíveis de ser detetados como instrumentalidade metodológica da ação comunitária. Ocorre, no entanto, que, ao destacar a instrumentalidade da dinâmica dos interesses e preocupações que lhe dão sentido, ela passa a ser nada mais que um conjunto de artifícios usados para conseguir objetivos diversos e alheios aos interesses fundamentais da comunidade. Esfacela-se assim o verdadeiro sentido da ação comunitária. A identidade e o processo histórico do DC, por este motivo, estão entremeados de uma trajetória de caminhos e descaminhos em direção a uma ação verdadeiramente comunitária. Não se pode, no entanto, entender o DC atual sem entender esta trajetória que continua presente aos dias atuais da sua prática.

1. DC no contexto internacional

O governo da Inglaterra é o primeiro a se interessar pelo DC:

A expressão desenvolvimento de comunidade foi utilizada pela primeira vez pelo Governo Britânico em 1942 com o objetivo de auxiliar os países a se prepararem para a Independência. A expressão foi assim definida: um movimento destinado a promover a melhoria de vida de toda população comunitária com a participação ativa e, se possível, por iniciativa da comunidade, mas se esta iniciativa não surgir espontaneamente, por meio do emprego de técnicas que a façam surgir e a estimulem a fim de assegurar sua resposta ativa e entusiasta do movimento... (CBCISS, 1962, p. 24).

Revela-se na preocupação do governo britânico para com as suas colônias a manutenção das relações até então existentes. Estimular-lhes a independência não significa romper relações, mas mudar as estratégias dessas relações. Aliás, como diz Octavio Ianni (1971, p. 93):

> Desde a Primeira Guerra Mundial e em especial depois da Segunda Guerra Mundial, as nações dependentes entram em período novo de sua história. Devido à crise do capitalismo, o surgimento de nações socialistas e os colapsos internos das sociedades do tipo colonial, as chamadas nações "subdesenvolvidas" começam a propor-se o futuro em novos termos.

A exigência capitalista, de dominação e de liderança sobre estes países que passam a propor a si mesmos um futuro em novos termos, chama a atenção e preocupa as grandes potências. Além disso, o surgimento das nações socialistas indica outra direção de liderança. Esse contexto de preocupações condiciona a iniciativa da Inglaterra, assim como a criação de programas de ajuda externa por parte de outros países ditos desenvolvidos. O encaminhamento e prestação dessa ajuda impõe que se pense e formule um processo apropriado e eficaz de liberação desses recursos. Ante essa demanda, os elementos instrumentais da ação comunitária são detetados e passam a compor a concepção que se formula para essa metodologia necessária de trabalho que termina sendo identificada como DC.

O DC passa a compor o quadro de referência das estratégias que se buscam para a ação de um país sobre outros.

A educação comunitária, como um ramo da educação social, para alguns agentes, é o caminho necessário para que os países ditos subdesenvolvidos se estimulem a criar condições para um desenvolvimento real.

O crescimento econômico e o progresso tecnológico são colocados como objetivos maiores a serem alcançados por esse desenvolvimento. Em função desses objetivos os valores e práticas de modernidade devem ser estimulados tomando-se como parâmetro a realidade dos países desenvolvidos.

A compreensão do processo de reconhecimento oficial do DC supõe a compreensão do contexto político e ideológico da época, nesse sentido, tem-se a considerar:

— a chamada guerra fria entre países capitalistas e socialistas;
— a onda de nacionalismo assumido pelos países subdesenvolvidos;
— os conflitos sociais internos e externos presentes aos diversos países subdesenvolvidos, pondo em questão a ordem social estabelecida;
— os missionários educadores que, nas aldeias e comunidades, se ocupam dos ensinamentos de ofícios a meninas e meninos. Estes ensinamentos demonstram as possibilidades de uma visão ampliada sobre outros grupos;
— as ideias humanistas de Gandhi que, em 1937, apresenta um plano de educação básica a ser operado nas comunidades. A educação social, de acordo com Gandhi, se processa através de programas variados de educação de adultos que levem em conta os problemas básicos da existência humana.

O contexto ideológico assegura a perspectiva política do DC conforme as propostas dos grupos dominantes. Por outro lado, não se pode perder de vista que o ângulo político assegurado baseia suas determinações na dinâmica estrutural do capital monopolista que tem, entre as suas características, as relações de dependência. Os países subdesenvolvidos, além dos problemas de estrutura interna, têm a considerar como elemento de sua realidade o fenômeno da dependência em relação aos países desenvolvidos, ou países de capital monopolista.

Após a Segunda Guerra Mundial, o governo americano promove extenso programa de assistência técnica aos países pobres e, em especial, aos da América Latina. Ante as preocupações desenvolvimentistas da época, a ONU se empenha em contribuir para a sistematização e divulgação de estratégias estimuladoras de desenvolvimento para esses países. Tais estratégias se justificam como medida para solucionar o complexo problema de integrar os esforços da população aos planos regionais e nacionais de desenvolvimento econômico e social. Entre estas estratégias ou propostas de ajuda está o DC.

J. Handerson, diretora do Bureau de Assuntos Sociais das Nações Unidas, na XI Conferência Internacional de Serviço Social que se realizou no Brasil em 1962, falando sobre as tarefas das Nações Unidas no campo social, diz:

> Constitui em curar os males da guerra — cuidar das crianças sem lares, dos famintos e incapacitados... Após três anos, contudo, à medida que a devastação causada pelo último conflito mundial começou a diminuir, as condições de pobreza crônica, do analfabetismo e das moléstias, nas áreas menos desenvolvidas do mundo, começaram a clamar por atenção geral [...].
> Em 1948, nosso primeiro representante indiano na Comissão Social solicitou a inclusão, em nosso programa de trabalho, de um estudo acerca de método da autoajuda para elevar o padrão de vida nas aldeias rurais. Isso provocou boa receptividade em todos os países que, por tradição, confiam na iniciativa e no mínimo de interferência estatal nas atividades dos seus cidadãos, em particular na vida econômica e social (CBCISS, 1962, p. 74).

Diz ainda Julia Handerson que, em 1951, a ideia de centros comunitários egípcios pela primeira vez chamou a atenção da Comissão Social como um instrumento de trabalho social e rural.

Na ONU, as diversas propostas de trabalho comunitário para as áreas subdesenvolvidas são, a partir de 1953, denominadas desenvolvimento comunitário e, segundo Julia Handerson, o exemplo indiano de programas comunitários em âmbito nacional faz com que certo número de países passem a solicitar a assistência das Nações Unidas nesse setor.

Na América Latina, as preocupações da ONU para com as áreas subdesenvolvidas se aliam às preocupações da OEA e do governo americano. Expande-se, assim, o DC no final da década de 1950, numa perspectiva de modernização dos diversos setores de vida das populações subdesenvolvidas. Esta expansão traz como consequência a abertura de um mercado de consumo para os produtos industrializados e a modernização da mão de obra para preencher as exigências do mercado de trabalho penetrado pelo capital monopolista. Nessa região a problemática própria da penetração do capital monopolista tende a ser projetada como problema cultural da população.

O reconhecimento oficial do desenvolvimento comunitário é um importante elemento para a sua institucionalização. Nas justificativas e discursos que são formulados, a perspectiva é a do reconhecimento e valorização da ação comunitária; a nível da prática, no entanto, a tendência dominante é, tão somente, pôr em destaque a sua instrumentalidade desligada da demanda comunitária. A demanda privilegiada é aquela que responde às exigências de modernização e desenvolvimentismo que algumas nações tentam implementar. Apesar da tendência dominante assumida pelo DC, algumas práticas retomam a dinâmica da ação comunitária como característica básica desse processo metodológico de ação nas comunidades.

As contradições próprias da dinâmica social levam o DC a assumir historicamente algumas diferentes e conflitantes tendências. Essas tendências se expressam a partir de conjunturas sociais determinadas. Daí que compreender a prática do DC supõe compreender a conjuntura na qual ela se situa e se desenvolve. Numa tentativa de aproximação dessa realidade, se tentará levar em conta, sobretudo, a situação brasileira da origem e evolução desse processo técnico-metodológico de trabalho.

2. O DC no Brasil

O trabalho comunitário enquanto processo técnico-metodológico chega ao Brasil na década de 1940. A sua disseminação enquanto prática, entretanto, somente se inicia do final da década de 1950 para o início da década de 1960.

A organização de comunidade antecede o DC no Brasil. É um processo de trabalho que se institucionaliza nos Estados Unidos e adota, como condição de prática, a organização e estruturação de grupos e serviços institucionais de bem-estar social. Em 1944, a Escola de Serviço Social de São Paulo inaugura, em seu currículo, a disciplina Organização de Comunidade que, posteriormente, passa a integrar o currículo das demais escolas de Serviço Social do país.

A preocupação para com uma metodologia de trabalho de alcance comunitário está ligada à perspectiva de reforma que alguns agentes sociais veem como condição de solução para a problemática social. Alguns consideram que, trabalhando o indivíduo, a personalidade, se chegaria a resolver a problemática social. Outros consideram que só através de política de reformas sociais se poderia atingir o âmago dos problemas sociais. A organização de comunidade coloca-se como mecanismo instrumentalizador dessa política de reformas sociais. O ideário liberal-populista e também cooperativista das décadas de 1940 e 1950 no Brasil favorece a valorização desse processo de trabalho que, no entanto, de imediato não chega a ter grande destaque enquanto prática. Aos poucos, no entanto, a comunidade passa a ser valorizada como unidade básica de desenvolvimento e, com isso, sobretudo através da Igreja, se implementa uma série de experiências isoladas de trabalhos comunitários.

A organização de comunidade se destaca enquanto prática através da organização de fichários centrais de obras assistenciais da comunidade, destinados à racionalização dos serviços sociais a serem prestados à população carente, e também através de experiências isoladas de mobilização comunitária e organização de grupos destinados ao encaminhamento de soluções para alguns problemas comunitários. Estas experiências são patrocinadas, sobretudo, por instituições de iniciativa privada.

As escolas de Serviço Social são responsáveis pela formação do profissional de DC e são pioneiras na introdução e disseminação inicial das ideias e sistemáticas de ações destinadas aos trabalhos comunitários. Outras iniciativas e realizações, no entanto, somam-se a essa perspectiva.

Em 1949, realiza-se no Brasil o Seminário Interamericano de Educação de Adultos e nele algumas experiências de trabalhos comunitários são apreciados e discutidos. A Campanha Nacional de Educação de Adultos (Cener) assume posteriormente a discussão dessas experiências como meio de criar condições para sua realização no Brasil.

O DC passa a ser discutido no Brasil, sobretudo a partir de alguns eventos de natureza internacional aqui realizados, como método de trabalho destinado às regiões subdesenvolvidas. Não se pode organizar a comunidade sem que esta possua os recursos necessários de desenvolvimento. Este é um argumento que no Brasil se usa a favor do DC. A questão terminológica é alvo de algumas discussões, mas enfim o DC aos poucos assume o lugar da organização de comunidade.

A educação de adultos e a problemática de subdesenvolvimento do meio rural são duas questões básicas que buscam no DC uma estratégia de superação.

É em face, sobretudo, da questão agrária, que na década de 1950 começa a ser elemento de discussão no cenário político brasileiro, que se cria, na década de 1950, o Serviço Social Rural. Este, junto com a Missão Norte-Americana de Cooperação Técnica no Brasil, promove, em julho de 1960, o Seminário Nacional sobre Ciências Sociais e Desenvolvimento de Comunidade no Brasil.

No desenvolvimento do processo histórico do DC, duas regiões brasileiras merecem destaque — a Região Sul e a Nordeste.

Na Região Sul destaca-se principalmente o Rio Grande do Sul, onde, desde o início da década de 1950, se realizam inúmeros seminários, nos quais o DC é tema básico das discussões. A técnica de seminário termina sendo assumida como instrumento privilegiado das ideias do DC e também como instrumento deflagrador desse processo. Essa experiência é assumida também por alguns outros Estados, tornando-se assim o seminário característica básica das estratégias de luta do DC.

Segundo Krug, os seminários de DC não se apresentavam como simples técnica, tinham cunho político, intencionalidade:

> Desde o Seminário de 1957 que os assistentes sociais dentro e fora da Faculdade de Serviço Social vinham tentando fazer propostas de cunho político. Estas propostas não só visavam a um trabalho direto com a população, mas a uma ação coordenada do governo junto ao povo. Assim é o projeto de Lei n. 78, de 1957, oriundo da Assembleia Legislativa e assessorado por assistentes sociais, que visava a criação da Secretaria de Estado dos Negócios da Saúde e Assistência Social numa linha de coordenação, eficiência e eficácia. O projeto não foi aprovado, mas em 1959 o novo governador do Estado, engenheiro Leonel de Moura Brizola, cria a Secretaria do Trabalho e Habilitação com quase as mesmas atribuições então pretendidas pelo projeto de 1957 (Krug, 1982, p. 30).

Convém frisar que no DC o Rio Grande do Sul também se destaca pela preocupação em agilizar uma bibliografia básica que contribua também para os trabalhos comunitários no Brasil. Nesse sentido, a PUC de Porto Alegre publica o livro de Murray G. Ross, *Organização da comunidade*, e cria em 1962 a revista *Seleções de Serviço Social*, onde também o DC é privilegiado. A par dessa bibliografia, convém frisar o movimento de economia e humanismo, de Lebret, que influencia os profissionais do DC no Rio Grande do Sul e no Brasil.

Na Região Nordeste, o DC está estreitamente vinculado ao meio rural.

No contexto brasileiro, no final da década de 1950 e início de 1960, a questão agrária é alvo de grandes tensões e conflitos sociais, demandando, sobretudo, a necessidade urgente de uma reforma agrária de base. O Serviço Social Rural, no entanto, atravessa esta questão e assume a problemática rural como problemática a ser resolvida pela educação social do homem rural, pela introdução de novas tecnologias, pelo desenvolvimento da socialidade entre os grupos que compõem as comunidades rurais. O DC é tomado como metodologia básica de trabalho e algumas experiências pioneiras são desenvolvidas em Araruama (Rio de Janeiro), Valinhos (São Paulo) e Camocim de São Félix (Pernambuco). Estas experiências são tomadas como base para o desenvolvimento de várias outras.

Ante a conjuntura de tensões que se apresenta nas áreas rurais brasileiras, principalmente no Nordeste, e ante o espaço político que aos poucos a população rural vai ganhando no cenário político nacional, a atenção de algumas instituições se volta para o rural, em especial, a Igreja. Junto com jovens da Ação Católica, algumas dioceses promovem semanas ruralistas em algumas áreas, as quais recebem também o apoio do SIA — Serviço de Informação Rural do Ministério da Agricultura. No Rio Grande do Norte, já antes de 1950, a Igreja tenta algumas ações isoladas em função do encaminhamento de soluções para a problemática da população rural. A criação do Serviço de Assistência Rural (SAR), em dezembro de 1949, é um marco para o reconhecimento das ações aí desenvolvidas. A Juventude Católica ou Ação Católica tem papel destacado na criação do SAR. Por sua vez, os empreendimentos dirigidos à problemática rural despertam o interesse por uma metodologia de trabalho que possibilite lidar com essa problemática, coincidindo com a disseminação que se faz do DC através de alguns seminários e congressos realizados no Brasil.

Entre outros, realiza-se no Brasil o I Seminário Latino-Americano de Desenvolvimento de Comunidade em 1951. Em 1961, realiza-se o Segundo Congresso Brasileiro de Serviço Social, cuja temática central é "Desenvolvimento Nacional para o Bem-Estar Social", a qual se subdivide em temas referidos ao DC. Em 1962, realiza-se no Brasil a XI Conferência Internacional de Serviço Social, com temática voltada para "Desenvolvimento de Comunidades Urbanas e Rurais". Esse clima de seminários e congressos é meio de difusão para o DC que, por sua vez, encontra contexto econômico, político e social favorável ao seu reconhecimento institucional. Convém destacar, nessa ambiência de difusão de ideias, a contribuição de alguns profissionais, não só na difusão, mas também nas elaborações e sustentação do processo de DC no Brasil: Helena Iracy Junqueira, Maria Lucia Carvalho da Silva, Hebe Gonçalves, Seno Cornely, Maria Virgínia Gomes da Silva e Safira Ammann.

No final da década de 1950, novos elementos passam a determinar o contexto econômico e político brasileiro, criando condições para que o DC passe a ser pensado também em função da problemática urbana. As novas forças ligadas ao capital monopolista que penetra no país a partir do governo de Juscelino Kubitschek, passam a requerer dos órgãos públicos uma política de modernização dos valores e atitudes da população, de modo a ampliar o mercado de consumo e instrumentalizar técnica e disciplinarmente o mercado de trabalho disponível. A comunidade é um meio importante para disseminação dessa política, não só no nível de mudança de valores, mas também de atitudes a serem assumidas pela população.

O DC, em algumas práticas, tenta assumir as demandas da população, inserindo-se e reforçando os processos de mobilização e articulação que se desenvolvem com o apoio de algumas instituições de iniciativa privada. Em outras, no entanto, ele se faz inteiramente submisso às demandas de controle das tensões e conflitos sociais existentes e/ou passíveis de serem deflagrados.

Em termos oficiais, não se pode deixar de considerar as recomendações do Conselho Econômico e Social em relação à importância do trabalho comunitário; a política de articulação e preparo técnico de profissionais para o DC assumida por alguns programas da OEA; assim como as programações do Ponto IV nos Estados Unidos.

O DC, no Brasil, assume novas perspectivas a partir de 1964. A desmobilização da massa trabalhadora, dos intelectuais e estudantes e a fragilidade da burguesia nacional fazem com que estes saiam da cena política, deixando a liderança do cenário político nacional sobretudo à burguesia associada ao capital internacional, aos tecnocratas e aos militares. Estas mudanças no cenário político impõem redefinições para o DC que, nas instituições do setor público, passa a se estruturar como tecnologia executiva da política social governamental no nível das comunidades locais de vivência da classe trabalhadora. Ao profissional do DC cabe, sobretudo, a implantação de programas predeterminados, tendo que para tal possuir instrumento metodológico adequado. Esta exigência faz com que se passe a dar ênfase a técnicas de pesquisa, projeto e planejamento. A prática destas técnicas, no entanto, em geral pouco têm a ver com a prática dos trabalhos comunitários desenvolvidos. Então, em geral, o DC se aproxima mais de uma ação de procedimentos burocráticos administrativos em função da prestação de alguns serviços sociais à comunidade.

A prática do DC identifica-se ora com artifícios e pesquisas, projetos, programas e planos, ora com a execução de processo burocrático de administração de programas nas áreas comunitárias ou liberação de recursos nessas áreas. Como tal ele é requerido como processo técnico de implementação das políticas de governo dirigidas às camadas populares, principalmente desempregados, subempregados e os empregados cujo poder aquisitivo dos salários impõe dependência direta dos recursos assistenciais que vão sendo criados pelo Estado para essa população. Por sua vez, os limites dos recursos públicos em relação à demanda *impõem ao profissional a criação de artifícios de seleção daqueles que procuram os programas, assim como artifícios que assegurem relações contínuas do programa da instituição com aqueles grupos não beneficiados pelos recursos materiais e serviços específicos oferecidos.*

A política econômica favorecedora do grande capital amplia empobrecimento dos segmentos majoritários da população, consequentemente, os problemas residuais oriundos dessa política originam as diretrizes e determinações da política social. Assim, sobretudo a partir de 1975, a política social descobre as áreas de moradia como objeto de suas diretrizes de ação e com isso muitos dos seus programas se dirigem a essas áreas. Aliás, desde 1970, no nível do setor público, as comunidades são postas em evidência, através da criação da Coordenação de Programas de Desenvolvimento de Comunidade

(CPDC). A CPDC é criada através da Portaria n. 114, do Ministério do Interior, em 4 de setembro de 1970. Essa coordenação é criada com o intuito de assegurar a unidade e racionalidade dos programas de DC em nível local, estadual, regional e nacional.

Ao longo dos anos que sucedem 1964, apesar do autoritarismo do Estado, cuja ideologia e práticas se expandem através das instituições públicas, não faltam tentativas de retomada dos interesses e preocupações dos segmentos majoritários da população como objeto de prática. O autoritarismo, contraditoriamente, gesta ações comunitárias, muitas delas estimuladas e apoiadas pela Igreja; gesta também uma série de outros movimentos que igualmente serão apoiados por diversos setores da sociedade civil. Estes movimentos estimulam aquelas práticas de DC que, apesar de poucas e isoladas, nunca deixaram de colocar os interesses e preocupações da população em primeiro plano. Se havia pouca criticidade sistemática nessas práticas, havia, no entanto, compromisso que, de certo modo, induzia à existência de uma intuição crítica em relação a elas.

Com as preocupações da prática voltadas para os interesses e preocupações dos segmentos majoritários da população, a CPDC-Nordeste, através dos agentes profissionais da região, tenta refletir a significação social do desenvolvimento pretendido com os programas de DC, desvendando-se assim muitos elementos ideológicos contraditórios. Algumas dessas reflexões são trabalhadas também em nível nacional, tentando-se assim encontrar meios de levar os programas de DC em nível de setor público a responderem de fato aos interesses e preocupações da população usuária. A CPDC, no entanto, teve uma vida curta. Em 1973, o Ministério do Interior extinguiu a CPDC e criou a UPDC (Unidade de Coordenação de Programas de Desenvolvimento de Comunidade), vinculada à Coordenação de Desenvolvimento Geral do referido Ministério. Essa unidade, no entanto, também teve vida curta, não chegando sequer a ser conhecida pela maioria dos profissionais do DC. Em 1º de julho de 1975, através do Decreto-lei n. 73.922, cria-se mais um programa que tem como referência as comunidades. Trata-se do Programa de Centros Sociais Urbanos (CSU). Entre os seus objetivos, coloca-se o da participação dos habitantes das cidades no processo de desenvolvimento. De certo modo, é a questão do somatório de esforços do povo e do governo que se tenta evidenciar. Fica implícita nessa preocupação uma concepção de Estado benfeitor, fazedor de Justiça, necessitando para tal do reconhecimento do povo. Como tal, para a implementação desses programas, a exigência é a de um DC que tenha por base essa mesma concepção. O programa CSU estimula também, em nível de Estados e municípios, a criação de projetos locais como meio do poder público fazer-se efetivamente presente junto às camadas populares.

A pauperização crescente da população e os desafios que ela impõe à ordem social reforçam também a presença do poder público entre as camadas populares através de *programas emergenciais*. Esses mecanismos tendem a se revestir de processo educativo, tendo como bandeira o discurso da participação, sendo a comunidade o cenário básico de todos esses programas, projetos e diretrizes políticas. Busca-se o DC, então, como instrumento operacional das ações a serem aí desenvolvidas, ou das justificativas que se dariam a tais ações.

No âmbito dos órgãos regionais de desenvolvimento, alguns projetos especiais enfatizam também o DC como uma das estratégias de trabalho. No Nordeste, o Projeto Sertanejo, o Polo Nordeste, o Projeto Baixa Renda e outros que, enfatizando a questão da participação, buscam o DC como meio. Os projetos referidos dão hoje lugar ao chamado Projeto Nordeste, financiado pelo Banco Mundial e que apresenta, entre as diretrizes de trabalho, a participação social. Essa diretriz invoca a questão do DC que, por sua vez, gera discussões que põem a descoberto uma série de contradições. O DC no Projeto Nordeste é uma estratégia a permear as definições, decisões e operacionalização das ações de desenvolvimento nele previstas, ou simples programas ao lado de outros tantos de destaque maior? O que se percebe é que no Projeto Nordeste a perspectiva de DC termina por se definir como um simples segmento de ações denominadas "Apoio a pequenas comunidades".

Até o Banco do Brasil hoje se lança como agente do desenvolvimento comunitário através da criação do FUNDEC em 1983 (Fundo de Desenvolvimento de Programas Cooperativos ou Comunitários de Infraestruturas Rurais).

Objetivamente, buscará o Fundec criar condições para a expansão dos níveis de produção e emprego para redução dos fluxos migratórios, através das melhorias das condições de vida da população. Manifestamo-nos, portanto, empenhados no sentido de o Banco do Brasil assumir este novo papel, de agente do desenvolvimento comunitário (Colin, 1983).

Não se pode negar que o cenário político brasileiro vem sofrendo alterações que se refletem nos propósitos de ação do setor público junto às camadas populares. Os movimentos sociais têm a ver com estas alterações, mas, por sua vez, são formas de manifestação das contradições que se geram na dinâmica estrutural da sociedade.

O atual momento político brasileiro apresenta algumas condições propícias a certo exercício de democracia. Exercício no sentido de participação nas decisões que afetam mais de perto o cotidiano das comunidades; no sentido de democratização das instituições, para que se coloquem a serviço dos interesses das camadas populares. Tais condições podem, no entanto, assumir também perspectiva de acomodação para as camadas populares. "Por que lutar se a gente já consegue as coisas com facilidades?" Esse é o depoimento dado por alguns moradores de uma comunidade que se desinteressa de ir a uma outra comunidade, receber a sacola de alimentos (programa emergencial), vez que na sua já recebe o sopão, que vem pronto, sem nenhuma necessidade de deslocamento nem de trabalho para o preparo do alimento.

O cenário do atual momento político brasileiro é muito contraditório, posto que, se de um lado se abrem perspectivas para movimentos de organização popular, por outro, retira-se das organizações que se formam a perspectiva de lutas. As associações de moradores, por exemplo, multiplicam-se hoje no Brasil a cada dia. Essas associações têm o sentido de organização social da população, exercício de luta em função de participação efetiva em suas condições básicas de existência. A prática da maioria dessas associações, no entanto, contradiz tal perspectiva. Tal contradição passa agora a ser reforçada ante o programa nacional do leite para as crianças, instituído pela Nova República. As associações tornam-se meios de distribuição ou repasse das medidas assistenciais criadas pelo governo. Já alguns presidentes de associações exigem como condição de acesso ao leite a filiação à associação. Da mesma forma, muitos sindicatos, principalmente os rurais, se transformaram em instituição de prestação de serviços, ou seja, assistência médica, em lugar de arregimentação da força social do trabalhador e exercício de luta na reivindicação dos seus direitos. Nesse sentido é que a maioria das associações de moradores passa a ser mais um órgão nas mãos do Estado do que associações representativas do poder popular em função do enfrentamento dos seus interesses e preocupações.

A comunidade é o cenário das associações dos moradores, assim como da maioria dos movimentos sociais urbanos e de muitos programas e projetos emanados do setor público. O DC, como instrumental técnico-metodológico de ação nas comunidades, coloca-se também no momento como alvo de inúmeras demandas. Ante as demandas contraditórias que se fazem presentes ao DC, o profissional, mais do que nunca, tem um papel histórico a realizar.

Cabe ao profissional do DC o desencadeamento de um processo pedagógico que implique o descobrimento da realidade, o desmascaramento ideológico dos discursos, das propostas e das muitas práticas que, longe da participação, induzem a população a maior subserviência e aceitação de sua condição de explorada. O profissional, no entanto, também está mergulhado em todo esse contexto e, por conseguinte, a sua ação requer, antes de tudo, a descoberta de si próprio como cidadão, como profissional e como força social que representa e que se coloca ou não com disposição de aliança com as camadas populares. Essa é a própria perspectiva da ação comunitária, que tem no DC o seu instrumental pedagógico. Como tal, a questão básica do DC são os interesses e preocupações da população comunitária. É ela que precisa ser analisada ante os entraves apresentados pela própria conjuntura da sociedade brasileira.

3. Concepções e tendências atuais do DC

O movimento histórico no qual se faz presente o DC vai revelando diferentes tendências e concepções que dificultam a apreensão da identidade do DC, se buscada como uma entidade autônoma desligada de toda essa dinâmica. Essa identidade como realidade autônoma é ilusória.

Em seu processo histórico, o DC apresenta algumas tendências que se mostram dominantes. Aqui se tentará analisá-las no sentido de que a sua identidade seja de alguma forma apreendida, sem desconhecimento das suas implicações sócio-históricas. César Rodrigues, em seu livro *Análisis conceptual del desarrollo de comunidad*, aponta vinte e cinco diferentes definições conhecidas entre os anos de 1948 e 1961. Os *Anais* da XI Conferência Internacional de Serviço Social, realizada no Brasil em agosto de 1962, apresentam uma série de outras tantas definições que continuam se multiplicando a cada ano. Entre as definições conhecidas, pode-se apreender três diferentes enfoques de prática:

— o DC como processo dirigido de intervenção externa nas comunidades em função de um melhor nível de vida;

— o DC como processo dirigido em função do somatório de esforços povo/governo;

— o DC como processo pedagógico de autonomização das camadas populares e enfrentamento dos interesses e preocupações da população comunitária.

3.1 O desenvolvimento de comunidade como processo dirigido de intervenção externa

A definição apresentada pelo ICA, em 1956, retrata elementos que são básicos a diversas concepções que tomam o DC como processo dirigido de ajuda externa à estimulação e animação da população para o desenvolvimento próprio da comunidade a que pertence:

O desenvolvimento de comunidade é o termo usado para descrever a técnica que têm adotado muitos governos para ensinar a população rural e para fazer mais efetivo o uso das iniciativas locais e energia, para incrementar a produção e alcançar um melhor nível de vida (Rodrigues, 1970, p. 70).

Na década de 1950, muitos organismos internacionais passaram a se sentir responsáveis pela prestação de ajuda e assistência técnica aos países "subdesenvolvidos". Em função da operacionalização desta ajuda, a comunidade, em muitos programas, é tomada como unidade básica de trabalho. Ela passa a ser pensada como base necessária às ações requeridas pelos mesmos. A introdução de novas técnicas, valores e costumes por vezes, se faz diretriz importante destes programas. Levando em conta tal diretriz, a cultura do povo passa a ser objeto de muitos estudos e discussões. O respeito à cultura local é um princípio que se conclui como importante. Mas, ao mesmo tempo, também se conclui que a cultura tradicional impede a penetração do progresso. Ante esta realidade concluída, o DC é um processo técnico de ação dirigida que, partindo do reconhecimento da cultura local, tenta operar mudanças nessa cultura como condição facilitadora e necessária ao progresso e desenvolvimento. Nas discussões que se fazem sobre o contexto próprio do DC, os problemas estruturais da sociedade não chegam a ser colocados, ocorrendo o mesmo com o processo de dependência, fenômeno próprio do desenvolvimento monopolista do capital.

A visão parcial empírica com a qual a realidade social é tratada abre caminho a todo um conjunto de mecanismos de dominação. Nesse sentido, a proposta do DC tende a contribuir mais a um projeto de dominação que a um projeto de liberação das camadas populares. A visão desenvolvimentista que se tenta levar às comunidades privilegia o crescimento econômico e o progresso técnico dos quais as camadas populares participam como agentes diretos, mas não usufruem dos seus resultados e benefícios. A condição de exploração e subordinação a que estas camadas estão submetidas não lhes permitem acesso a eles.

O desenvolvimento como crescimento econômico é questionado já na década de 1950. Os impulsos desenvolvimentistas, contraditoriamente, revelam avanços consideráveis no crescimento do Produto Interno Bruto (PIB) e no desenvolvimento e uso da tecnologia, sobretudo em algumas regiões do país, mas, em relação à população majoritária, os indicadores são de pauperização contínua e crescente. Tal realidade faz com que se levante a questão do desenvolvimento social. O desenvolvimento passa a ser pensado não só como crescimento, mas também como bem-estar social para toda a população. As condições para este bem-estar têm, portanto, de ser promovidas. O Estado deve se preocupar em estimular a solução dos problemas sociais, mas, por outro lado, a população deve colaborar, cooperar com o Estado para que tais problemas resolvidos se constituam meios necessários ao crescimento e desenvolvimento global do país. Esse é o novo pensar sobre o desenvolvimento, o que vai influenciar também novo pensar sobre o DC.

3.2 O DC como somatório de esforços povo/governo

A Índia é o primeiro país que lança oficialmente um programa nacional de DC (1952). A ONU, já voltada para as preocupações do desenvolvimento social, estuda as experiências de DC já existentes e em 1953 emprega oficialmente, pela primeira vez, a expressão "desenvolvimento de comunidade" para designar determinados processos dirigidos de trabalhos comunitários. Em 1956, após patrocinar e estudar experiência de trabalho dessa natureza, chega a um acordo quanto à sua concepção para o DC:

> Desenvolvimento de comunidade é o processo através do qual os esforços do próprio povo se unem com as autoridades governamentais com o fim de melhorar as condições econômicas, sociais e culturais das comunidades, integrar estas comunidades na vida nacional e capacitá-las a contribuir plenamente para o progresso do país (CBCISS, 1962, p. 25).

A definição apresentada pela ONU é aceita internacionalmente. O apoio deste organismo a programas e experiências de DC contribui para essa aceitação. Mais uma vez, a comunidade é considerada unidade básica do desenvolvimento e se tem como pressuposto a capacidade de aperfeiçoamento e autodeterminação do homem. É mediante essa capacidade que se gera a expectativa de mudança da comunidade em si. Também, à medida que a população comunitária se une entre si e ao Estado, os caminhos do desenvolvimento nacional estarão assegurados. A população comunitária é dada a incumbência de não só desenvolver a sua comunidade, mas também responsabilizar-se pelo desenvolvimento de seu país.

Os novos problemas surgidos no contexto do DC levam a ONU, em 1958, a rever a definição apresentada em 1956:

> Desenvolvimento de comunidade é o processo através do qual o próprio povo participa do planejamento e da realização de programas que se destinam a elevar o padrão de suas vidas. Isto implica a colaboração indispensável entre os governos e o povo para tornar eficazes os esquemas de desenvolvimento viáveis e equilibrados (CBCISS, 1962, p. 25).

O povo, no novo conceito de DC, é chamado a participar e planejar. É uma nova perspectiva de prática que se abre. A participação é estimulada, no entanto, a nível da execução; o desenvolvimento econômico continua sendo privilegiado e, nesse processo, o homem é meio e objeto. O homem é visto como potencial econômico; quando trabalhado devidamente, torna-se capital humano que impulsionará o desenvolvimento da sociedade.

A década de 1960 é considerada pela ONU como a do desenvolvimento, sendo que o homem, enquanto recurso ou capital humano, é a condição básica desse desenvolvimento. Entra aqui o DC como um dos mecanismos de ação sobre o potencial do homem, considerando sua existência comunitária e, portanto, agindo a partir dessa realidade. A saúde, .a educação e a habitação são condições necessárias para que o homem se faça cada vez mais produtivo. Tais problemáticas são pensadas a nível da realidade econômica. As demandas de participação e planejamento entram também nessa mesma mecânica, participar dentro de condições já predeterminadas, o que significa participar executando decisões tomadas em outras instâncias de realidade e em outra instância de preocupações e interesses.

A própria concepção de DC, implicando somatório de esforços povo-governo, num contexto em que a correlação de forças impõe que governo e Estado, realizem, sobretudo, os interesses do grupo dominante, sugere exame e questionamentos de tal proposta. A própria concepção de Estado e de sociedade está em jogo. Sem uma clarificação objetiva de ambos não faz sentido pensar o DC como instrumento técnico-metodológico que implique o somatório acima referido ou a participação e planejamento por parte da população comunitária.

Consciente ou inconscientemente, levando em conta toda essa gama de implicações, observa-se, no decorrer do processo histórico do DC, um conjunto de concepções que o realçam continuamente como meio de autonomização e enfrentamento das preocupações e interesses da população comunitária.

3.3 O DC como processo de enfrentamento das preocupações e interesses da população comunitária

Toma-se como referência a definição de Howard W. Beers, um dentre outros que destacam certa preocupação na direção dessa tendência. Em geral, tais definições têm como fundamento pressupostos humanistas que, no entanto, se redefinem com as contribuições das Ciências Sociais no desenvolvimento que vai alcançando.

> Desenvolvimento de comunidade é um método, um processo e fim em si mesmo. E um método de ajuda às comunidades locais para fazê-las mais conscientes de suas necessidades, para apreciar seus recursos em forma mais realista, para organizar-se a si mesmo e a seus recursos em tal forma que satisfaçam algumas das necessidades por meio dos projetos de ação e ao mesmo tempo adquirem atitudes, experiências e

destreza cooperativas para repetir este processo uma e outra vez por iniciativa própria (Rodrigues, 1970, p. 76).

O conceito apresentado exige certos esclarecimentos; no entanto, percebe-se que ela tende a valorizar a Ação Comunitária e o processo de autonomização das camadas populares.

O DC, tendo sua origem na ação comunitária, fundamenta-se, principalmente, nos interesses e preocupações da população comunitária. O desenvolvimento social, no entanto, traz implicações complexas para o trato desses interesses e preocupações. Nesse sentido, o DC, como processo de estimulação e apoio às ações comunitárias, requer certo grau de elaboração técnica e científica.

A tentativa de apropriação institucional do DC em função da reprodução da ordem social não sufoca por inteiro a sua identidade de processo de ação comunitária. A sua história é repleta de ambiguidades e, por conseguinte, também a sua identidade conta com ambiguidades que, no entanto, estão referidas à perspectiva política própria a sua natureza social.

O DC, instrumental técnico-metodológico a serviço da população usuária direta, ou seja, das camadas populares, tem uma perspectiva política.

Tentando esclarecer um pouco mais essa perspectiva, assim se considera:

> "Desenvolvimento de comunidade é um processo pedagógico de organização social da população comunitária, através do qual esta população consegue ampliar as suas condições de consumo individual e coletivo, assim como de controle sobre estas condições, articulando-se crescentemente para a participação em níveis mais amplos da sociedade e sobretudo naqueles que dizem respeito à problemática fundamental das camadas populares".

Como processo pedagógico, o DC supõe ações educativas explicitadas teoricamente com base na prática, assim como princípios de ação norteadores da prática de acordo com os objetivos a serem atingidos. Quando se diz que o DC como processo pedagógico foge aos ditames de um processo formal de ações a serem rigidamente observadas, tem-se também a preocupação de não se definir o DC como processo de ações espontâneas. É nesse sentido que o DC pressupõe toda uma explicitação conceitual e metodológica dos elementos envolvidos em sua prática.

O DC supõe a organização da população, pois é através desta que se dá a reflexão e ação sobre a sua realidade cotidiana. Por sua vez, o processo de organização da população para a descoberta do que fazer e para o desempenho dos enfrentamentos necessários é também um processo de desenvolvimento comunitário.

O que é então essa *comunidade* que se faz objeto da prática do DC e o que é esse *desenvolvimento* em função do qual essa prática deve ser desenvolvida? São questões a serem explicitadas como condição necessária a uma ação efetiva e crítica ante a dinâmica da realidade social.

CAPÍTULO IV

A comunidade — Componente conceitual do DC

O DC pode ser considerado como um estágio de desenvolvimento no qual se encontra uma comunidade. Como tal, é um processo social. Mas pode ser também instrumento pedagógico de trabalho para estimulação desse desenvolvimento. Numa ou na outra situação, a comunidade é objeto privilegiado das considerações de análise e avaliação das condições de intervenção e mudança a serem operadas por esse processo. O que é, então, essa comunidade que, numa ou em outra condição, é enfocada de modo privilegiado? Não é tão simples examinar e assumir posição sobre tal questão, uma vez que, além dos enfoques diferenciados em que é tratada, há também a considerar as análises e discussões que falam sobre a inexistência de sua realidade substantiva identificadora da substância própria da realidade comunitária. Em que pese os seus diferentes e, mesmo, contraditórios enfoques, e também as suas possíveis imprecisões, é a comunidade elemento básico no processo metodológico do DC e como tal precisa ser compreendida.

1. A comunidade e seu processo histórico

O sentido histórico de comunidade guarda relação com a concepção grega de cidade. Segundo Kalina e Kovadloff, os gregos dos séculos VII e VI a.C., mas também os que viveram em Atenas entre os séculos V e IV a.C., conceberam a *polis* como uma comunidade, isto é, uma organização cujos assuntos eram de interesse coletivo. Segundo os referidos autores, é possível afirmar que: "A *polis* foi lugar onde o homem chegava a ser ele mesmo. Assim, para os gregos, muito mais do que o lugar do trabalho, isto é, da produção, a *polis* foi o âmbito de encontro interpessoal, do diálogo e das celebrações... Ela pode estar referida tanto à vida comunitária em termos políticos, culturais e morais como econômicos" (Kalina e Kovadloff, 1978, p. 30-1).

A *urbs* romana já não tem o sentido da *polis* grega, uma vez que aos poucos os cidadãos começaram a perder sua identidade concreta, que é substituída pela identidade jurídica. O cidadão já não conhece os seus próprios concidadãos, nem a sua própria cidade. A *urbs* romana, no entanto, perde sua importância com a queda de Roma, para reaparecer em seguida, a partir do século XI.

> Aproximadamente no século XI, a *urbs* renasce, circundada por uma muralha, cuja função era antes conter as agressões dos invasores. Uma vez consolidada a proteção contra as incursões e as imposições forâneas, os artesãos, camponeses e pescadores locais, donos de privilégios arrecadados ao senhor feudal, reuniam-se numa feira semanal ou quinzenal, e acabaram por se instalar de maneira permanente num lugar que possuía incontáveis vantagens para nele se viver (Kalina e Kovadloff, 1978, p. 36).

A cidade medieval e o novo caráter que adquire a partir do renascimento do comércio passa a ser o lugar da transação, do intercâmbio e do cálculo.

Tanto a *urbs* romana como a cidade medieval perderam o sentido de identidade e valorização social do homem existente na *polis* grega.

A identidade, o sentimento de nós, o interesse coletivo têm realce na *polis* grega e se identifica com algumas concepções de comunidades que aparecem no século XX. Por outro lado, o número limitado de habitantes, os limites de espaço físico da *urbs* romana e da cidade medieval vão enfatizar o enfoque espacial dado por outras concepções.

O rural só mais recentemente passou a ser elemento de identidade para algumas concepções de comunidade. A distância e dispersão resultantes das próprias características da economia rural não encontravam os possíveis elementos de aproximação, encontro de relações e interesses comuns existentes nas cidades antigas e medievais. Contraditoriamente, o desenvolvimento das cidades e, sobretudo, as chamadas metrópoles diluíram a antiga concepção de cidade. As concepções de comunidade que tomam como referência os limites de espaço físico e as possibilidades de relações face a face são, nesse sentido, desde as suas formulações, passíveis de questionamentos. O surgimento das metrópoles e o desenvolvimento do meio rural a nível de identificação possível de concentrações populacionais em determinado espaço físico fizeram com que o realce da identidade comunitária fosse trazida para o meio rural.

No século atual, em que a questão da comunidade vem a emergir, os próprios condicionamentos sócio-históricos de cada sociedade, em particular, vão alterando o contexto urbano e rural e *tornando complexa uma definição objetiva de comunidade*.

É sobretudo a partir da revolução urbano-industrial que o fenômeno comunidade vem à baila. A desintegração nas relações sociais tradicionais dos aglomerados humanos das áreas urbanas faz despertar a questão da comunidade. As relações sociais capitalistas que permeiam e conduzem a revolução urbano-industrial desestruturam as antigas relações assim como as antigas funções cristalizadas na vida de relações entre os homens em seus aglomerados. Destaca-se aqui a família, que é desestruturada em suas antigas funções, bem como a chamada comunidade, em suas funções de controle e segurança social. O desenvolvimento das forças produtivas presentes à Revolução Industrial cria a dissolução de antigos laços de autoridade e poder existentes no seio da comunidade, deslocando-os para a engrenagem de relações que se estrutura na empresa. A crise própria de toda esta mudança de relações chama a atenção para as necessidades de "reconstrução da pequena comunidade".

A partir de 1920, a comunidade passa a ser uma questão sujeita a contínuos estudos e indagações, sobretudo nos Estados Unidos. Joseph K. Hart, E. C. Lindeman, Bessi e A. McClenahan, Walter W. Petit, Jesse F. Steiner e outros são apontados como estudiosos da comunidade e de modos de intervenção junto à mesma. A esse modo de intervenção dá-se o nome de organização de comunidade. Muitos desses estudos tomam por base as teorias sociológicas e psicológicas existentes na época. Já nessa época, também, muitos autores tinham consciência de que a comunidade, como realidade de solidariedade, coesa e unificada, era mais um ideal a ser atingido. Nos diferentes autores, podem-se encontrar semelhanças e diferenças dos elementos substantivos que fazem a realidade empírica da comunidade.

Segundo Lindeman, comunidade é uma associação de grupos, embora muito raramente aja como um todo. Posição semelhante é a de Newsteter, que concebe a comunidade como uma associação de grupos em interação (*Debates Sociais*, n. 1, p. 4 e 7).

Para MacIver, comunidade consiste em um círculo de pessoas que vivem juntas, que permanecem juntas, de sorte que buscam não este ou aquele interesse em particular, mas um conjunto inteiro de interesses, suficientemente amplo e completo de modo a abranger suas vidas...

MacIver a define "como área de vida comum — aldeia, cidade, distrito, comarca e áreas maiores" (Ferreira, 1968, p. 7 e 9). Arleen Johnson tem também posição semelhante, pois considera comunidade como "um grupo de pessoas reunidas em qualquer área geográfica, grande ou pequena, que tenham interesses comuns, reconhecidos ou reconhecíveis no campo de bem-estar social" (*Debates Sociais*, n. 1, p. 3).

Outra concepção tradicional de comunidade é encontrada em Gurvitch, que a considera uma forma de sociabilidade. "A comunidade é a forma de sociabilidade resultante do equilíbrio entre as duas forças exercidas pelo conjunto sobre os participantes — a atração interior e a pressão exterior" (Ferreira, 1968, p. 15).

Ante a realidade social, as concepções apresentadas têm sido alvo de análises e críticas diversas, dando lugar a novas concepções, que buscam encontrar seus elementos de identificação em uma realidade possível de ser identificada.

Teresa Porzecanski assume a posição de Searon de Quintero ao dizer que se chegou atualmente a estabelecer uma distinção entre o que se pode chamar de comunidade real e comunidade potencial. Segundo eles, o reconhecimento dessa diferença não exime os assistentes sociais de chegarem a uma definição operacional do termo comunidade, de determinar quais são os elementos cuja presença permitiria diagnosticá-la.

Segundo Teresa Porzecanski, uma comunidade se identifica através dos diversos grupos subculturais que integram uma mesma classe social. A partir da localização e inserção em grupos subculturais de classe, podem obter-se os elementos de construção da comunidade real. Diz ela:

> Em definitivo, temos que deixar de falar de áreas geográficas como comunidades, e apesar de que todo grupo social está assentado em uma área, destacar o *âmbito de repercussão social* como possível comunidade real.
> Portanto, supomos que: comunidade real é o âmbito subcultural dentro do qual há ou é possível Obter uma repercussão participativa se se aplica o procedimento conhecido como Organização e Desenvolvimento de Comunidade (Porzecanski, 1972, p. 58).

Para Tereza Porzecanski interessa mais a existência de um âmbito humano que a existência de um âmbito geográfico. Âmbito humano no sentido de diferentes subgrupos de uma mesma classe social que, como tal, têm interesses e objetivos comuns.

Essas considerações e posição servem de base às principais críticas que são feitas aos diversos conceitos tradicionais de comunidade. Eles não atentam para as contradições antagônicas existentes na sociedade que se particularizam, sobretudo, entre grupos de classes sociais diferentes ou antagônicas. O realce à solidariedade, coesão e existência de interesses comuns, desconhecendo esta realidade, tende a conduzir a ação social promovida ou a ser promovida à reprodução da ordem social.

2. As controvérsias da realidade comunitária

O desenvolvimento social e a complexidade crescente dos problemas sociais continuam trazendo à baila a importância da comunidade como realidade social de coesão e solidariedade entre os homens a ser resgatada a partir dos seus núcleos de vivência e existência.

As concepções tradicionais de comunidade, levando em conta uma realidade hoje não existente, criam a miragem de um lugar irreal, onde todos se entendiam, se completavam e auxiliavam mutuamente e sentiam-se felizes uns com os outros. "Reconstruir a pequena comunidade" é tentar retomar estas antigas qualidades de vida social. Por outro lado, mais recentemente, também a ideologia desenvolvimentista e nacionalista pressupõe o homem não só responsável pelo desenvolvimento do seu país. "A comunidade" é o núcleo básico e o meio de estimular e implementar estes níveis de desenvolvimento. Nestas formulações, no entanto, a sociedade é pensada tão somente como conjunto de funções a realizar e em realização, independentes das determinações estruturalmente dadas. Como isso, o ideal de comunidade se afasta das condições reais da sociedade e contribui para o seu falseamento. O trabalho comunitário tem sido cada vez mais realçado como base para o desenvolvimento de várias propostas de ação social. Em muitas propostas, no entanto, a problemática social se apresenta como resultante de comportamentos isolados e desviados dos valores de desenvolvimento do homem e da sociedade. É nesse sentido que a ação comunitária passa a ser tida como proposta de agentes externos com o objetivo de conduzir o homem à observância de tais valores. Um problema básico, consequência desta ação, é não só a consideração do homem como objeto, mas também o distanciamento dos interesses e preocupações próprias a que esse é conduzido. A inexistência de uma análise crítica quanto à concepção de comunidade passa a ser uma das condições para que o real seja concebido de forma enganosa e, dentro desta concepção, as ações sociais sejam conduzidas.

A comunidade não é realidade autônoma que possa se traduzir em elementos distintos da própria sociedade na qual se situa. A sociedade, no entanto, se expressa em situações sociais diversas, algumas das quais assumem características específicas. A comunidade é uma dessas situações. Nesse sentido, a compreensão da sua realidade supõe a compreensão da realidade social global. Por sua vez, também as suas particularidades próprias atuam sobre essa realidade.

No dia a dia, a comunidade é discutida e representada com as mais diversas conotações das quais algumas são apontadas por Robert A. B. Leaper:

a) [...] é muitas vezes usada como sinônimo impreciso da sociedade;
b) [...] é também usada como uma categoria de pessoas [...] a comunidade católica [...] ;
c) [...] como referência política mais ampla [...] a Comunidade Econômica Europeia [...] ;
d) [...] como sinônimo adjetivo do social [...] assistência comunitária, ação comunitária [...];
e) [...] para referir-se a uma área limitada de moradia identificada como tal pelas pessoas que aí vivem quanto à residência comum, interesse comunitário (CBCISS, 1979, p. 10-11).

Dentre os significados apresentados, o último é o que mais precisamente tem percorrido a trajetória histórica do DC. Essa trajetória põe em destaque uma concepção de comunidade na qual a área geográfica, enquanto área comum de vivência de pessoas e grupos, é realçada e considerada operacionalmente. Um outro aspecto histórico a considerar nas comunidades referidas ao DC é a característica de carência e pobreza da sua população. Mais um aspecto a considerar é que, no DC, a preocupação com o conceito de comunidade se caracteriza mais como *preocupação operacional*, tendo como referência sempre os grupos e subgrupos que moram ou convivem num determinado espaço social.

Destacar as áreas de moradia e a dinâmica dos seus grupos e subgrupos levando em conta *interesses e preocupações comuns* como indicadores da realidade comunitária é de certo modo complicado. É complicado tendo em vista que as condições comuns de existência possibilitadoras de expressões de interesses e ações comuns têm sido cada vez mais diluídas pelo desenvolvimento complexo e explorador das relações capitalistas de produção. No campo tem-se a considerar a exploração e expulsão cada vez mais agressiva do homem pelo capitalismo agrário. No urbano, o desenvolvimento do capital imobiliário com suas formas próprias de especulação e exploração fazem do espaço urbano uma realidade inacessível à maioria da população. A contínua luta por um espaço força a contínua mobilidade da população, tornando frágeis as relações de amizade, solidariedade e cultura entre os diversos subgrupos de classes que convivem num mesmo espaço geográfico. É de fundamental importância considerar essa realidade contraditória, pois ela influi decisivamente em situações possíveis de enfrentamento dos interesses dessa população. Não se pode deixar de considerar também que os grupos e subgrupos que compõem uma mesma classe social são permeados por formas de ação e ideologias que reforçam e reproduzem a desigualdade social.

Não desconhecendo a complexidade do real, tem-se, no entanto, de levar em conta as novas situações de identidade que a própria dialética do cotidiano vai criando nessas áreas entre os grupos sociais de interesses e preocupações fundamentais semelhantes.

A heterogeneidade de tradições e histórias de vida condicionadas pelas situações conjunturais que vão se impondo ao homem é perpassada por situações comuns a nível das condições mais gerais de reprodução da existência. Nesse sentido, a vivência comum de necessidades cotidianas determinadas por essas condições de existência recria situações de identidade que fazem com que a área de moradia não se reduza simplesmente a locais-dormitório e locais de consumo. As questões comuns de transporte, habitação, creche, instituições básicas de educação, saúde e lazer recompõem a unidade da população porque buscam outras raízes históricas mais profundas, que são as raízes das condições de exploração do homem. Com base nessa realidade é que a área de moradia é identificada no DC como objeto de trabalho, como comunidade.

3. DC e comunidade

O DC é uma prática que se efetiva em uma dada realidade à qual se dá o nome de comunidade. Para tal, é de fundamental importância que se tenha presente uma concepção operacional de comunidade que seja coerente com os objetivos dessa prática.

Para McMillem, os diversos conceitos de comunidade têm aplicação própria e, por isso, o profissional não deve aceitar nenhum com exclusividade (*Debates Sociais*, n. 1, p. 6). Acontece que diferentes definições não significam simplesmente a exploração de enfoques diferenciados de uma mesma realidade, mas, sobretudo, atitudes ideológicas diferentes e divergentes ante essa realidade. A questão da comunidade no DC não é, por conseguinte, conhecer grande número de concepções para incluir ou excluir. Uma concepção que abarque ou inclua diversas outras termina por ser generalizante, onde tudo pode ser identificado como comunidade, mas ao mesmo tempo nada é comunidade.

No DC, as aglomerações humanas situadas numa dada base territorial constituem uma comunidade na medida em que a organização do cotidiano leva à criação de canais particulares de expressão, assim como cria relações que, de modo limitado, cumprem diversas funções. A comunidade é o cotidiano dos indivíduos e grupos que partilham de condições sociais comuns e, face a elas, organiza o seu ambiente de relações dentro de uma dinâmica própria. Como diz Carlos Urrutia, o cotidiano é aquilo que vincula o homem em sua dimensão particular e em seu ser social, o qual necessariamente não ocorre todos os dias (Urrutia, 1985, p. 37).

A área de moradia, mesmo nos limites arbitrários que possui, significa uma primeira aproximação para que o contexto cotidiano de relações entre grupos e subgrupos de uma mesma classe social seja identificado.

A substância da comunidade não está no aspecto físico da área de moradia, mas no conjunto de relações e inter-relações, de poderes e contrapoderes que se estruturam, tomando como referência a infraestrutura física e social da área que, por sua vez, tem suas determinações nas estruturas fundamentais da sociedade. *A comunidade é, portanto, forma particular de expressão da própria sociedade.* Como tal, compreendê-la supõe compreender a sociedade global e mais os elementos de sua particularidade própria.

Os elementos de particularidade própria definidores da comunidade são os interesses e preocupações comuns dos grupos e subgrupos que convivem numa mesma área e, além disso, ou sobretudo, são marcados por condições comuns de existência a nível das condições de produção e reprodução material da sociedade.

Uma mesma área de moradia pode abrigar mais de uma comunidade se os interesses e preocupações dos grupos e subgrupos aí existentes tiverem por base condições existenciais diferentes como estrutura de produção de bens materiais da sociedade.

Mesmo quando a área de moradia serve de base a grupos e subgrupos de uma mesma classe social, os limites da comunidade podem ser inferiores ou ultrapassar as próprias fronteiras físicas arbitrárias da referida área. Segundo Teresa Porzecanski, os limites da comunidade não estão nas fronteiras físicas ou administrativas da área, mas no grau de repercussão participativa dos grupos e subgrupos de classe que se identificam em termos de interesses e preocupações. Nesse sentido, é função do DC ampliar as fronteiras da comunidade, ajudando ou contribuindo para que os grupos e subgrupos de classe de dada área de moradia ampliem a repercussão participativa dos seus enfrentamentos, conforme interesses e preocupações identificados e a serem identificados.

A identificação de uma comunidade real, ou seja, de grupos e subgrupos que a nível de classe social e da sua área de moradia possuem interesses e objetivos comuns, pode ser trabalhada a partir de uma concepção mais ampla e genérica de comunidade que, como tal, atente para tais elementos. É o que João Guedes Pinto chama de conotação operacional do termo comunidade:

> A palavra comunidade denota, operacionalmente, uma população que habita uma determinada porção de território, com cujo nome se identifica, e que, por viver e conviver nele, desenvolve alguma coisa em comum (Pinto, 1980).

Numa área geográfica, local de moradia, há certos níveis de identidade entre grupos e subgrupos que cobrem ou servem de identidade, de interesses e preocupações para diferentes classes. Esses elementos de identidade, no entanto, nem sempre tocam interesses fundamentais. Nesse sentido, a partir dessa concepção operacional se tem de ir adiante para identificar o nível dos interesses fundamentais que caracterizam tal porção de território no qual pode haver mais de uma comunidade.

A partir dessas considerações é que se supõe como comunidade objeto da prática do DC:

Conjunto de grupos e subgrupos de uma mesma classe social, que têm interesses e preocupações comuns sobre condições de vivência no espaço de moradia e que, dadas as suas condições fundamentais de existência, tendem a ampliar continuamente o âmbito de repercussão dos seus interesses, preocupações e enfrentamentos comuns.

Ao se iniciar uma prática de DC, a realidade comunitária como tal é, sobretudo, realidade a ser descoberta. Dada a dinâmica própria da sociedade capitalista, essa realidade nem sempre se apresenta de modo aparente. Descobrir a realidade comunitária dos espaços de moradia e contribuir para ampliar a repercussão participativa dos que fazem esta realidade é, portanto, função básica do DC.

CAPÍTULO V

O desenvolvimento — Componente conceitual do DC

O desenvolvimento é o objetivo a ser alcançado pelo trabalho comunitário enquanto processo pedagógico. Nesse sentido, não se pode pretender acionar profissionalmente a prática do DC sem que se tenha presente uma base inicial de compreensão sobre o desenvolvimento, a qual pode ser repensada e retrabalhada a partir da própria prática.

O DC, conforme expressa a própria terminologia, tem como objetivo a ser alcançado o desenvolvimento da comunidade. Nas considerações de alguns autores, coloca-se como estratégia de ação para o desenvolvimento, processo global; já para outros, esse desenvolvimento é pensado de forma parcial e setorizada. Daí vem a importância de uma clarificação da questão do desenvolvimento no DC.

1. O desenvolvimento e seu processo histórico

A questão do desenvolvimento como preocupação social aparece mais precisamente quando, a partir dos meados do século XIX, o capitalismo assume novo impulso em suas forças produtivas e em suas formas de exploração. O capitalismo amplia suas formas de ação e se estrutura sobretudo como capitalismo industrial, e não mais simplesmente mercantil. O desenvolvimento capitalista, em suas formas diversificadas de exploração, vai aos poucos deixando a descoberto a existência de uma divisão internacional do trabalho no qual se põem em destaque nações industrializadas e nações não industrializadas, ou nações de "artigos coloniais".

Sobre esta realidade sócio-histórica diz Paul Singer (1971, p. 49-50):

> Aqueles países que participaram pioneiramente da Revolução Industrial submeteram os demais países a uma divisão internacional do trabalho, feita em função das necessidades dos países que só se industrializaram em função dos recursos naturais dos países não desenvolvidos.

No início deste século, as crises e contradições internas dos países não industrializados, reforçadas pelas contradições acarrretadas pela divisão internacional do trabalho e pela própria crise do capitalismo no final do século XIX, chamam a atenção dos países industrializados. Chamam a atenção também porque a Revolução Russa e o surgimento do regime socialista predispõe as nações de economia colonial a assumirem novas atitudes em face do seu próprio destino.

As contradições de ordem política e econômica trazem à baila a questão do desenvolvimento e subdesenvolvimento que, infelizmente, tende a assumir mais uma dimensão ideológica de justificativas e afirmações dos países industrializados sobre os não industrializados. As formulações sobre o desenvolvimento e subdesenvolvimento pouco esclarecem as condições causais deste último. Fala-se em subdesenvolvimento como uma realidade a ser entendida por efeito de comparação com a realidade dos países desenvolvidos. Por exemplo: subdesenvolvidos são aqueles países que têm nível de vida inferior aos Estados Unidos, Canadá, Austrália e Europa Ocidental. O subdesenvolvimento é definido também pelo nível médio de renda *per capita*, pelo Produto Interno Bruto, pelo índice de alfabetização, mortalidade infantil etc.

Nas formulações sobre o desenvolvimento, coloca-se como problema básico do mundo atual os obstáculos que impedem a sua implementação nos países subdesenvolvidos. Esses obstáculos, no entanto, são atribuídos sempre a problemas de atraso cultural e de incapacidade dos países subdesenvolvidos. Nessas formulações constroem-se as justificativas de intervenção dos países ricos nos países pobres. A questão do desenvolvimento cria, como tal, bases políticas legitimadoras da dominação de alguns países.

Na América Latina, nas décadas de 1950 e 1960 florescem inúmeras agências internacionais de ajuda aos países subdesenvolvidos e com isso as relações de dominação e dependência são cada vez mais alicerçadas. No Brasil, para Juscelino Kubitschek, a ajuda dos países desenvolvidos aos subdesenvolvidos é politicamente importante, tendo em vista os perigos sociais que a miséria pode oferecer à ordem social.

> A política americana de desenvolvimento econômico-social se iniciou no ano de 1958 e significou uma nova era para a América Latina. O presidente do Brasil Juscelino Kubitschek, propôs a "Operação Panamericana" e através dela uma vigorosa campanha contra o subdesenvolvimento (Greia, 1965, p. 24).

Segundo Miriam Limoeiro (1977, p. 207), a perspectiva mais geral da ideologia juscelinista é "mudar dentro da ordem para garantir a ordem".

Como os parâmetros de desenvolvimento são buscados na industrialização, toda questão maior de superação do desenvolvimento passa a girar em torno das condições possíveis de industrialização. Segundo Kubitschek, com a industrialização chega-se à riqueza que se estenderá a todos.

Na América Latina, as questões do desenvolvimento são também reforçadas pela ideologia nacionalista.

O nacionalismo pretende ser uma ideologia global, incluindo o industrialismo e o internacionalismo... O projeto fundamental do nacionalismo era, portanto, o de transformar o país semicolonial em uma verdadeira nação independente. A industrialização seria o meio fundamental de se levar a cabo esta transformação (Pereira, 1980, p. 100-101).

Se entre os países subdesenvolvidos a questão do desenvolvimento tem como enfoque privilegiado a industrialização, entre os desenvolvidos a questão é a ajuda externa e o trato dos problemas de atraso cultural, o que se traduz em levar os países subdesenvolvidos a assumirem os valores de modernidade desses países.

No Brasil, além do nacionalismo, outras ideologias, como o cosmopolitismo e o liberalismo, justificam as preocupações para com a industrialização e o econômico como questões básicas do subdesenvolvimento. O Estado assume tal proposta de desenvolvimento e define sua política de modo a dar condições de operacionalidade e observância a ela. A criação de condições de acesso à penetração do capital monopolista e a ideologia desenvolvimentista fazem parte, portanto, da política do Estado em função do desenvolvimento nacional.

De acordo com as práticas e concepções mais comuns, desenvolvimento é sinônimo de crescimento econômico e, nesses termos alguns países subdesenvolvidos são marcados por mudanças sensíveis que se expressam no Produto Interno Bruto e na renda *per capita*. Ao lado desse crescimento, no entanto, crescem também as contradições, pois a grande maioria da população, além de não ser beneficiada por esse crescimento, passa a vivenciar formas mais ampliadas de exploração. Tais contradições impõem que se modernize o conceito de desenvolvimento, que passa a ser focalizado a nível do econômico e do social. O *econômico* se expressando através do crescimento econômico e do progresso tecnológico alcançado. O *social* se expressando em um conjunto de serviços sociais estimulados, apoiados ou mesmo patrocinados pelo Estado com o objetivo de diminuir a distância social entre os diversos grupos da população. Os enfoques e concepções de desenvolvimento se apresentam não só de forma diversificada, mas também contraditória.

2. Enfoques e concepções sobre desenvolvimento

A concepção mais comum, e também coerente com as práticas e políticas estimuladas pelo Estado, é a de que desenvolvimento é crescimento econômico e progresso tecnológicos. Essa concepção tem suas bases na economia clássica que, segundo Octavio Ianni, a despeito de ter sido reformulada, "guarda, ainda na atualidade, a mesma compreensão da dinâmica e da totalidade histórica":

> Trata-se de uma explicação que concebe o sistema econômico como autônomo e suscetível de dinamizar-se internamente dependendo da ordenação, ponderação e aceleração dos seus componentes básicos. Para Adam Smith ou Ricardo, o desenvolvimento seria, no fundamental, o resultado de uma integração dinâmica da divisão do trabalho, a acumulação de capital e a inovação técnica (Ianni, 1971, p. 94).

Na concepção apresentada, a questão da estrutura social e das relações de classe não é tocada; nesse sentido, a maioria das concepções de desenvolvimento são variações que, no fundamental, se encontram sem nenhum antagonismo. Rostow, por exemplo, em seu livro *Etapas do desenvolvimento econômico*, explica o subdesenvolvimento como estágio, uma passagem para o desenvolvimento. O subdesenvolvimento é o estágio primitivo, a partir do qual se chega ao moderno.

Os teóricos da Cepal exploram uma série de variáveis, mas a tônica é sempre a do crescimento econômico. Diz o professor Aníbal Pinto (1962, p. 8), por exemplo, que, em termos mais gerais, "o desenvolvimento econômico não é outra coisa que o processo de crescimento de um país". Os níveis de renda *per capita*, as mudanças no critério de produção e a harmonia no sistema de desenvolvimento econômico e distribuição social dos produtos do processo são elementos de classificação que ele mostra para a compreensão da concepção que apresenta.

Para a superação do subdesenvolvimento, a Cepal destaca sobretudo a industrialização, o progresso tecnológico, incluindo também a necessidade de aumentar os salários dos trabalhadores.

Diz Fernando Henrique Cardoso que, na década de 1950, os textos cepalinos propunham, com grande empenho, o apelo ao capital estrangeiro — de preferência sob a forma de empréstimos intergovernamentais — para promover a rápida industrialização; propunham também uma política fiscal adequada e alterações substanciais no regime de propriedade da terra, propugnando por uma ação coordenadora do Estado na condução do desenvolvimento nacional (Cardoso, 1980, p. 9).

As variações de tônica e estratégias que são dadas ao desenvolvimento como processo próprio do sistema econômico criam, como consequência, variadas políticas de implementação. Nesse sentido, enquanto para uns algumas reformas são de fundamental importância, para outros a questão se traduz em ações a nível monetário. Segundo Octavio Ianni, é "como se a estrutura de poder, a luta de classes, as técnicas de controle das atividades políticas dos homens, o quadro institucional e outros fenômenos e processos fossem sempre secundários" (Ianni, 1971).

Em suma, as mais diversas teorias sobre o desenvolvimento caminham sempre na reafirmação do econômico. As variações dessas teorias terminam por explorar a necessidade de produtividade da força de trabalho. É nesse sentido que os índices de crescimento e progresso tecnológico, que passam a caracterizar muitos países como em desenvolvimento, não chegam a tocar as condições de pobreza e miséria de consideráveis contingentes da população. Estes contingentes chamam a atenção tão somente pelas preocupações com a manutenção da ordem social, pelas necessidades de expansão do mercado de consumo na visão do crescimento econômico e também pela necessidade de capacitação de mão de obra para responder às exigências tecnológicas do desenvolvimento econômico.

O desenvolvimento é repensado muito mais no sentido de uma exploração do homem como recurso, como objeto, do que propriamente como um processo a serviço do homem. A educação e a saúde são meios de valorização de tal recurso. Conforme Lubin et al. (1965, p. 1):

> A riqueza de uma nação depende, em última análise, da capacidade produtiva e dos níveis de educação de seu povo. A velocidade da expansão social e econômica fica, em grande parte, subordinada à taxa de formação de capital humano. Assim, o investimento no desenvolvimento do homem deve ser uma das principais preocupações de toda nação que espera progredir no mundo moderno.

A questão do desenvolvimento, na América Latina, já no final da década de 1950, passa a ser estreitamente vinculada à percepção do homem como recurso econômico, a ser trabalhado em função do processo de desenvolvimento econômico. Dentro dessa perspectiva, que corresponde também à perspectiva desenvolvimentista, se justifica que a população de um país, quando em condições plenas de inserção no processo de desenvolvimento (condições de saúde, educação, capacitação da mão de obra), não apenas se beneficia com os resultados do desenvolvimento econômico, como desempenha papel especial em sua consecução (Lubin et al., 1965).

Como recurso humano, o homem passa a ter um tratamento especial no processo de desenvolvimento, tratamento que o coloca na posição de insumo básico, ou seja, na posição de objeto e não do sujeito que é. Com esta estratégia de recursos humanos garante-se o aumento da produtividade física da força do trabalho, que passa a ser um elemento mais eficaz na acumulação do capital. Essa perspectiva de valorização do homem mobiliza setores como educação, saúde e preparação da mão de obra para que assumam essa prática como diretriz básica de suas ações. O homem precisa ter saúde para poder produzir bem; precisa ser educado de modo a transformar suas potencialidades em recursos plenos; precisa ser habilitado e continuamente aperfeiçoado para poder colocar-se integralmente a serviço do desenvolvimento.

A capacitação de recursos humanos passa a ser outra perspectiva importante e se traduz como valorização social, só que esta se deve fazer em função do econômico.

Através de algumas práticas, sobretudo do setor público, se pode depreender que desenvolvimento social é a mobilização e dinamização de condições de educação, saúde, lazer e serviços sociais em geral, de modo a dotar a população de condições básicas de inserção no processo de desenvolvimento econômico.

A preocupação com o "social" vai implicar a divisão desenvolvimento econômico/desenvolvimento social, que compartimenta a realidade da estrutura de poder, das relações de classe, assim como de outros processos relacionados, que definem a dinâmica da esfera econômica. Essa realidade requer uma explicação que alcance a realidade social em sua totalidade, requer uma explicação dialética. Segundo Octavio Ianni, na explicação dialética o homem surge como senhor do seu futuro, ainda que, para ser construído, este deve se concretizar sobre o trabalho acumulado pelas gerações anteriores. Partindo das condições de existência propiciadas pela vigência de um dado sistema social de produção, os homens podem construir o seu futuro, optar em face de alternativas garantidas pela sua liberdade e pelas configurações do presente (Ianni, 1971, p. 100-101).

O livro de Marshall Wolfe, *Desenvolvimento: para quê e para quem?*, levanta questões sérias sobre o próprio significado do desenvolvimento. O desenvolvimento é crescimento econômico, dependendo da resposta ao para que e para quem. Se a preocupação é a implementação de um processo que responda aos anseios de uma pequena parcela da população, então, de fato, desenvolvimento pode ser considerado crescimento econômico.

Acontece que a preocupação com as questões do desenvolvimento surge exatamente por conta das contradições que se expressam nas situações de pobreza de alguns países em relação a outros, ou da maioria das camadas da população em relação a algumas poucas privilegiadas. A preocupação é, portanto, com um processo global, pois o desenvolvimento é uma questão que diz respeito a todos os cidadãos. O crescimento econômico e o progresso tecnológico são fundamentais nesse processo; não apenas porque se definem em função das necessidades da população em geral e não em função de alguns poucos privilegiados. Daí as interrogações de Marshall Wolfe: *Desenvolvimento: para quê e para quem?*

Como processo global e dirigido a todas as camadas da população, o desenvolvimento é de fato uma questão a ser explicada levando em conta a estrutura de relações da sociedade a nível do econômico, do político e do cultural. Como tal, a implementação de políticas em função do desenvolvimento implica ações nos diversos níveis dessa estrutura: implica levar em conta a estrutura de classes da sociedade e a estrutura de poder e de legitimação da própria realidade social.

Já aqui se pode depreender que, no DC, desenvolvimento é crescimento econômico e progresso tecnológico, no entanto, definido, controlado e dirigido pela população e em função dessa população. Nesse sentido, o desenvolvimento é, sobretudo, ideal a ser alcançado. O nível de realidade em que ele se encontra é definido a partir de condições históricas próprias às populações de cada país, região ou localidade e é a partir daí que ele se amplia. À medida que o crescimento econômico e o desenvolvimento tecnológico são pensados, e geridos por grupos sociais cada vez mais numerosos e abrangentes, o processo do desenvolvimento avança e se aproxima do ideal.

Assim é um processo global, mas que pode ser pensado e implementado tanto numa pequena comunidade, como numa nação. O resgate da condição do homem como sujeito e como partícipe das definições, do controle e usufruto do progresso social é uma estratégia básica nesse processo.

3. Desenvolvimento e DC

Desde o início da década de 1960 e por muitos anos, o DC no Brasil teve como referência a concepção de desenvolvimento assumida por Lebret, em seu *Movimento de economia e humanismo*. A perspectiva é a da existência de um desenvolvimento global que reúne as seguintes características:

— desenvolvimento harmônico e indivisível;
— desenvolvimento autopropulsivo ou autossustentável;
— desenvolvimento democrático com participação popular;
— desenvolvimento humanista e solidário.

Segundo o padre Lebret, "desenvolvimento é a passagem de uma população determinada de uma fase menos humana a uma mais humana, ao ritmo mais rápido possível, ao custo financeiro e humano o menos elevado possível, tendo em vista a solidariedade entre todas as populações" (Lebret, 1967).

A concepção de Lebret assumiu, no DC, função valorativa e de justificação de ações, sem que estas fossem analisadas para que pudessem ser percebidas suas implicações operacionais enquanto conceito. Aliás, muitas concepções discutidas em função do DC não chegam a ser pensadas e traduzidas em termos operacionais e de uma compreensão do cotidiano. Nesse sentido, não conseguem ter uma função transformadora enquanto elemento da prática.

No DC o desenvolvimento é considerado como processo em contínuo caminhar. Não existe uma situação em que o desenvolvimento possa ser considerado pronto, acabado.

Desenvolvimento é processo contínuo de criação do homem ante os desafios sociais que enfrenta na comunidade. É processo que supõe a ação do homem no usufruir do progresso social, assim como no definir e gerir esse progresso em função das suas necessidades humanas e sociais.

O desenvolvimento supõe, portanto, respostas aos interesses dos diversos segmentos da população em seus anseios não só de sobrevivência material, mas também de criação e produção contínua da sociedade; supõe a conquista de maior produção e de progresso tecnológico pelo conjunto da sociedade. O desenvolvimento, como tal, extrapola a realidade comunitária e se define como desenvolvimento do homem e da sociedade, colocando-se como um ideal a ser cotidianamente conquistado. Ele é um processo utópico, considerando-se como utópico aquilo que diz Paulo Freire (1979, p. 27):

> Para mim utópico não é o irrealizável; a utopia não é o idealismo, é a dialetização dos atos de denunciar e anunciar, o ato de denunciar a estrutura desumanizante e de anunciar a estrutura bumanizante.

Cada país, cada região, cada área específica encontra-se numa situação própria de desenvolvimento. É a partir desta situação que o processo precisa avançar. Compreender a situação própria de desenvolvimento em que se encontra um determinado contexto supõe compreendê-lo historicamente, dialeticamente e estruturalmente. Não existem modelos prefixados para o avançar do processo de desenvolvimento, uma vez que as condições próprias de cada contexto supõem também condições próprias para o seu avançar. Em toda e qualquer situação, entretanto, *o desenvolvimento supõe que todo e qualquer cidadão se encontra em condições de pensar, decidir e agir sobre a sua realidade social, sobre o seu destino*. O confronto deste suposto com as condições cotidianas existenciais do homem revela a longa caminhada que se tem a fazer, sobretudo através de exercícios contínuos de pensar e agir sobre a própria realidade cotidiana e sobre a realidade mais geral na qual este cotidiano está implicado.

Pensar o desenvolvimento é pensar sempre o relativo, pois não existe realidade de desenvolvimento absoluta e acabada. O que se pode é avaliar a existência de um processo mais amplo e profundo a partir de critérios de participação ampliada da população nas decisões e gestão das ações consequentes; avaliar a capacidade criadora do homem, na produção dos enfrentamentos em função dos desafios da natureza e dos desafios sociais. Nesse sentido, o processo de desenvolvimento é também processo de *participação*.

CAPÍTULO VI

A participação — Componente conceitual do DC

A participação, componente do DC, requer ser examinada como processo social e também em alguns elementos pedagógicos possíveis de interferir em sua realidade social.

Uma realidade indiscutível é a de que a participação é processo existencial concreto, se produz na dinâmica da sociedade e se expressa na própria realidade cotidiana dos diversos segmentos da população. Estimular o avançar desse processo implica ter compreensão clara sobre ele e também sobre a própria realidade social na qual se processa.

1. A questão da participação

Uma questão muito presente, e que requer ser compreendida historicamente, é que muitas práticas e discursos intitulados de participação não são mais que processos de dominação e, por conseguinte, processos de contraparticipação.

Historicamente, é importante considerar alguns aspectos do discurso da participação, sobretudo aqueles estimulados e apreciados pelo poder público. Estes aparecem já após um certo desgaste do que até então é chamado de desenvolvimento.

O desenvolvimento, reduzido tão somente a variáveis de ordem econômica, é denunciado pelas próprias contradições sociais que trazem à tona situações de miséria e pobreza, quando, por outro lado, se anuncia o aumento do Produto Interno Bruto e da própria renda *per capita* do país. A adesão a um enfoque complementar de desenvolvimento, denominado desenvolvimento social, é tentativa de minimizar o aumento da distância social gerada pelo crescimento econômico implementado. Só que esta adesão se define a partir de uma perspectiva curativa e não a partir de uma compreensão da realidade do desenvolvimento enquanto realidade social.

Na perspectiva curativa, a preocupação maior é para com a ordem social: que ela se mantenha e facilite o próprio desenvolvimento econômico. A participação aparece como fenômeno capaz de estimular e suscitar a atenção e a ação das camadas populares na consecução das políticas e propostas de desenvolvimento econômico. Como tal, aparece basicamente como ação pedagógica a ser deflagrada, requerendo a ação de agentes externos. Estimular a participação da população se traduz em ações do tipo:

— trabalhar os motivos individuais da população através de recursos psicossociais;

— trabalhar a realidade cultural da população através da introdução de novos valores e padrões de comportamentos.

No Brasil, os novos projetos econômicos que se implantam no país a partir do governo Kubitschek implicam politicamente a redefinição de formas mais eficazes de dominação. A dominação se realiza sobretudo através da *aceitação* e é mais plena e maior quanto mais as ideologias e práticas políticas em geral levam os segmentos majoritários da população a aceitarem a dominação e a exploração. É nesse sentido que se encontra, nas camadas populares, grande parcela da população que aceita e gosta de ser dominada e explorada. Esta aceitação vai de encontro à natureza de ser criador e sujeito da história, própria do homem, é uma criação da sociedade e assim precisa ser desvendada para que o homem resgate a sua condição de ser participante.

Em face da desigualdade social criada pela própria dinâmica das relações sociais a nível da produção das condições materiais de existência da sociedade, esta, para se manter desigualmente estruturada, requer todo um processo de dominação. Tal processo se esconde através de roupagem de compreensão e benevolência para com as preocupações e necessidades das camadas populares. Ele se realiza através de vários instrumentos, entre os quais as diversas formas de educação, institucionalmente criados. Através da educação, trabalha-se a aceitação das pessoas. Por sua vez, esse modo de ação assume diversas formas e terminologias, como por exemplo, participação social. Esse processo equivocado ao qual se dá o nome de participação pode ser identificado, sobretudo, no exame de suas práticas.

Como processo equivocado de participação torna-se tanto mais eficaz quanto mais suscita e provoca na população predisposição para:

— consentimento e aquisição de novas atitudes de aceitação para com os valores de modernidade da sociedade em detrimento dos próprios valores, preocupações e interesses;

— angústia e sentimento de culpa em virtude de expectativa de defasagem existente entre ela própria e o seu meio social;

— absorção de hábitos e costumes que o mercado de consumo vai criando, apesar de as condições sociais permanecerem as mesmas.

Hoje em dia, a participação é linguagem comum nas diversas camadas da população em que pese existirem interesses e preocupações contraditórias e antagônicas entre aqueles que fazem as classes fundamentais da sociedade. Nesse sentido, assumir a perspectiva da participação exige, antes de qualquer outra atitude, que se examine: participação por quê? Em função de quem? O que é mesmo participação?

2. A participação comum a todo ser humano

A participação é processo social que existe independente da interferência provocada por um ou outro agente externo.

A participação é o próprio processo de criação do homem ao pensar e agir sobre os desafios da natureza e sobre os desafios sociais, nos quais ele próprio está situado. Como tal, é um processo dinâmico e contraditório. O homem é criador por natureza; no entanto, enquanto ser social, nasce já num contexto historicamente dado. Encontra em tal contexto um conjunto de relações e instituições que o fazem ocupar posições que independem de decisões próprias, assumindo, inclusive, determinado sistema de pensar e agir. A participação não é uma questão do pobre, do miserável, ou do marginal; é questão a ser refletida e enfrentada por todos os grupos sociais que não chegam a penetrar as decisões que dizem respeito às suas condições básicas de existência. Por esse ângulo, a participação, longe de ser política de reprodução da ordem, é, sobretudo, questão social.

A participação passa a ser questão social à medida que as próprias contradições sociais desafiam o homem como ser criador e este toma consciência da sua realidade social e assume posições de desafio e enfrentamento. Os grupos privilegiados criam mecanismos no sentido de que os seus interesses e preocupações sejam assumidos como interesses e preocupações de todos os segmentos da sociedade; as contradições sociais, no entanto fazem que os grupos não privilegiados se descubram como explorados e, assim, passem a reagir.

Quando o profissional pensa a participação como fenômeno do usuário da sua prática e se exclui dessa realidade, contribui para a reprodução do social. Enquanto profissional, vive a problemática da participação, uma vez que muito pouco define e decide sobre as condições institucionais de sua própria prática. A participação, portanto, não é só questão do usuário.

Aliás, como já colocado, a participação é processo social.

> [...] é o resultado da ação de forças sociais que se constituem como tais a partir de determinantes muito diversos: de classe, de grupo, de gênero, étnicos etc... As forças sociais constitutivas da participação não necessariamente se definem em primeira instância em termos de classe, ainda que em seu desenvolvimento possam aparecer interesses e consciências classistas que venham a manter o processo (Celats, 1985, p. 87).

A participação supõe a criação do homem para o enfrentamento dos desafios sociais. Esse processo de criação e enfrentamento resulta em dada realidade de consumo ou usufruto de bens, assim como numa dada realidade de funções e decisões que caracterizam fins sociais a serem alcançados. Essa realidade pode ser de denúncia da situação da maioria populacional cujas condições de participação não chegam sequer ao usufruto de condições básicas de reprodução da existência. É nesse sentido que se fala de participação popular:

> É uma participação coletiva como produto da conjugação de interesses sociais que fazem possível o surgimento de suas organizações, constituídas como um meio que possibilite a análise, reflexão e o planejamento de suas ações, orientadas pelos fins que perseguem, para a satisfação de suas necessidades... (Celats, 1985, p. 179).

Para Dalmo Dallari, todos os indivíduos têm o dever de participar da vida social e este dever tem dois fundamentos:

> Em primeiro lugar, a vida social, necessidade básica dos seres humanos, é uma constante troca de bens e serviços, não havendo uma só pessoa que não receba alguma coisa de outros; em segundo lugar, se muitos ficarem em atitude passiva, deixando as decisões para outros, um

pequeno grupo mais distante, ou mais audacioso, acabará dominando, sem resistência e limitações (Dallari, 1983, p. 33).

A participação é requisito de realização do próprio ser humano. Os processos de cooptação existem; isso, no entanto, não significa que se deva deixar de considerá-la em sua importância e de resgatar o seu verdadeiro significado. O desenvolvimento social do homem requer participação nas definições e decisões da vida social. É nesse sentido que o resgate deste processo precisa ser trabalhado.

Para se chegar à participação nas definições e decisões sociais, não se pode deixar de considerar outros pressupostos da existência humana:

> O primeiro pressuposto de toda existência humana e, portanto de toda a história, é que os homens devem estar em condições de viver para poder fazer história. Mas, para viver, é preciso, antes de tudo, comer, beber, ter habitação, vestir-se e algumas coisas mais [...].
> O segundo ponto é que, satisfeita esta primeira necessidade, a ação de satisfazê-la e o instrumento de satisfação já adquirida conduzem a novas necessidades. E esta satisfação de novas necessidades é o primeiro ato histórico [...].
> A terceira condição que, já de início, intervém no desenvolvimento histórico é que os homens, que diariamente renovam sua própria vida, começam a criar outros homens... (Marx e Engels, 1978, p. 39-41).

Estes momentos, como diz Marx, coexistem desde os primórdios da história e desde os primeiros homens. No contexto brasileiro, a participação da maioria dos homens está afetada naquilo que se coloca como pressuposto de toda a existência humana. A luta para poder comer, beber, ter habitação e vestir-se passa a ser a luta fundamental da maioria da população brasileira. Mesmo nesse nível as lutas são captadas e transformadas em ações a favor da legitimidade da dominação de alguns grupos sobre a maioria da população.

Entre outros mecanismos de cooptação pode-se destacar as formas ideológicas de pensar a existência: as formulações quanto à própria natureza do homem (de que existem os capazes e os incapazes); as formulações quanto às predeterminações existenciais de alguns ("pobres sempre haverá entre vós"); as formulações quanto às predeterminações sociais de outros (os intelectuais e os sábios são os letrados; os ignorantes e alienados são os não letrados, cabendo a estes obedecer as decisões dos letrados ou executar ordens). Essa forma de pensar é passada para a população, muitas vezes, como uma forma importante de "participação".

A cooptação não deve ser uma justificativa para se negar a importância da participação. O que se deve é compreender os seus mecanismos e tentar encontrar formas da ação sobre ela.

3. Aspectos pedagógicos do processo de participação

A questão da participação termina por gerar preocupações pedagógicas que se definem de acordo com as diferentes percepções e posições assumidas ante a realidade social.

A questão pedagógica maior a ser trabalhada no processo de participação presente às preocupações e interesses das camadas populares é a da ultrapassagem do cotidiano. Os interesses e preocupações que se revelam no cotidiano são em geral parcial e mecanicamente percebidos. A realidade percebida parcialmente leva as ações de enfrentamento a serem definidas de acordo com o imediato e, assim, a se encerrarem em si mesmas. A percepção global, ou percepção das determinações sócio-históricas da realidade cotidiana, pela perspectiva crítica que implica, cria condições para que ações simples e mesmo da ordem do imediato possam ser geradoras de outras tantas ações na direção dos problemas fundamentais da população.

A ultrapassagem na compreensão da realidade cotidiana e nas ações sobre ela requer que se tenha uma posição inequívoca sobre a participação. Esta posição não é tão simples, sobretudo quando se considera a complexidade da dinâmica social. Tal ultrapassagem pode ser trabalhada através de um processo educativo determinado, cujo objetivo é interferir na dinâmica social da realidade de participação existente em dada situação social. Define-se como processo educativo da participação:

O processo que se expressa através da conscientização, organização e capacitação contínua e crescente da população ante a sua realidade social concreta. Como tal é um processo que se desenvolve a partir do confronto de interesses presentes a esta realidade e cujo objetivo é a sua ampliação enquanto processo social.

A consideração de alguns grupos sociais aponta que este processo educativo requer não simplesmente capacidade técnica e científica, mas, principalmente, compromisso.

Além de discussões com grupos subempregados que tomam para referência suas áreas de moradia, outros grupos, a partir de suas situações de trabalho, discutem os problemas maiores que têm a enfrentar em sua realidade cotidiana e concluem:

"A dificuldade maior para enfrentar os problemas do dia a dia é a da participação". Dois dias seguidos de reflexão e debate sobre o porquê das dificuldades de participação trazem dos mesmos grupos as seguintes conclusões:

— "Os companheiros têm medo de tudo: de perder o emprego, da repressão sobre as diversas formas que costuma atingir a pobreza (agressão na forma de ser tratado, negação de certos benefícios assistenciais etc.).

— Os companheiros confiam cada vez menos em seu próprio poder. Por outro lado, tornam-se cada vez mais arrastados para outras motivações que dão respostas imediatas (a televisão, queira ou não, é um problema que interfere na participação; o lazer é uma necessidade à qual ela responde e simultaneamente desvia os companheiros das preocupações para com as suas necessidades e interesses principais).

— Os companheiros não têm segurança e clareza quanto à legitimidade das suas reivindicações. Muita gente se assume como pobre e coloca o seu destino nas mãos de Deus, nas mãos dos homens: 'Se a propriedade é do homem ele faz o que ele quiser', 'Deus querendo o agente resolve'.

— Os companheiros não têm segurança e clareza quanto à significação das leis e das políticas que o Estado vai criando em função do trabalhador. A falta dessa clareza faz com que, muitas vezes, as lutas sejam encaradas como lutas para se alcançar um favor e não uma luta em busca de um direito".

Os depoimentos apresentados revelam problemas sérios a serem enfrentados. Só um processo de troca de conhecimento e experiência pode encontrar os meios de enfrentá-los.

Em outras situações em que a população não consegue ter o mesmo grau de reflexão e a apatia, a ausência, a indiferença, o mutismo se apresentam como características maiores, estes elementos, aparentemente de não participação, podem ser indicadores de participação. Por vezes, estas situações se apresentam como os únicos caminhos de que a população dispõe para dizer não a uma realidade não aceita.

Há uma tendência comum de muitos agentes no sentido de apreenderem a realidade simplesmente pela aparência, quando, na verdade, a aparência muitas vezes é uma maneira de esconder a verdadeira realidade. De imediato, portanto, nenhum grupo pode ser julgado em suas predisposições participativas tomando por base situações aparentes. A problematização da aparência é uma condição necessária para que a população descubra, de modo concreto, a sua realidade e também os seus meios de enfrentamento. Ela é também meio de descobrir e construir novos instrumentos de comunicação facilitadores de processos comuns de articulação e organização social. A organização social é condição básica de resgate de condições necessárias à participação.

A prática pedagógica de retomada de condições básicas e necessárias de participação por parte da maioria da população implica a prática de exercício de poder, já que a participação pode se traduzir, sobretudo, na distribuição do poder na sociedade. A participação social é processo contrário à dominação, à concentração do poder. Ora, se a participação é distribuição de poder, aí está o grande desafio para o profissional que quer fazer de sua prática um meio de ampliar as condições sociais da participação. A prática pedagógica para tal é, sobretudo, uma prática de exercício de poder e, como tal, supõe a organização social e o reforço desta organização. Alguns outros pressupostos podem ser pensados e avaliados como bases para esta prática:

— O pensar coletivo a partir do cotidiano, isto é, do contexto de preocupações e interesses da população objeto da prática, é um meio de enfrentamento da questão da organização social e, como tal, da participação.

— O pensar coletivo na análise e desvendamento do real que se encobre no cotidiano.

— A ultrapassagem da mobilização e grupalização para o exercício consciente da organização.

— A reciclagem dos modos de enfrentamento da realidade social supõe exercícios e estratégias renovadas de reflexão e ação que respondam às novas exigências e demandas do contexto social em contínua mudança.

Como se diz que quem conhece o pressuposto descobre o método, coloca-se aqui uma atribuição importante para o profissional: descobrir conjuntamente com a população, através de processos contínuos de discussões e debates, os enfrentamentos específicos requeridos por cada realidade de participação a ser trabalhada.

Uma vez considerados estes elementos envolvidos no processo de participação, há uma segunda questão a ser considerada. Quais os componentes do processo pedagógico que levam à participação?

4. Componentes do processo pedagógico da participação

Os interesses e preocupações da população-alvo das ações comunitárias são elementos a partir dos quais o processo pedagógico de participação se desenvolve. A descoberta desses interesses é, por conseguinte, o primeiro elemento a ser trabalhado nas relações com a população.

A descoberta de interesses, em si mesma, não deslancha o processo de participação, se a problematização desses interesses não desvendar as implicações sociais e relações causais dessa realidade. Por sua vez, esse desvendamento é, também, condição para a descoberta de outra realidade: a da força social da população trabalhadora.

A grupalização da população comunitária é um recurso inicialmente utilizado e que passa a ser cada vez mais importante à medida que vai se transformando em recursos de organização social e capacitação da população comunitária para enfrentamento dos interesses imediatos e daqueles que se vão desvendando durante o processo de problematização.

Os processos de descoberta e problematização dos interesses, ou seja, a conscientização; a arregimentação da força social, ou seja, a organização social da população; a reciclagem e redefinição contínua de novos interesses e mecanismos de enfrentamento, ou seja, a capacitação; todos esses são componentes do processo pedagógico da participação.

4.1 O processo de conscientização

A consciência é a visão de mundo do homem sobre as coisas. Já a conscientização é o processo de elaboração desta visão na qual se fazem presentes os homens, as coisas e o próprio mundo.

As bases sociais desse processo por vezes levam a conscientização a ter um desenvolvimento fora da realidade objetiva, das coisas, dos homens e do mundo, tendo-se aí a *consciência ingênua*. Esse processo, no entanto, pode se desenvolver assumindo a realidade objetiva do mundo, do homem e das coisas, supondo um processo contínuo de desvendamento da realidade e de ação sobre ela, tendo-se aí *consciência crítica*.

A consciência é ingênua porque não chega à raiz dos problemas. A aparência é assumida como se fosse a realidade objetiva das coisas.

A consciência ingênua se ampara sempre em justificativas míticas para a realidade dos fatos. A dimensão religiosa e sobrenatural como fora do alcance da razão humana é a dimensão de apoio à consciência ingênua. Com isso, a aparência dos fatos como elemento de uma relação social determinada não chega a ser apreendida.

Uma realidade a ser considerada no processo de conscientização é que a consciência, antes de mais nada, é a consciência do meio sensível mais próximo. A partir de dados do meio sensível mais próximo, o processo crítico da conscientização se desenvolve.

> A consciência é, naturalmente, antes de mais nada mera consciência do meio sensível *mais próximo* e consciência da conexão limitada com as outras pessoas e coisas situadas fora do indivíduo que se torna consciente; é ao mesmo tempo consciência da natureza que, a princípio, aparece aos homens como um poder completamente estranho, onipotente, inexpugnável... (Marx e Engels, 1978, p. 43).

É em face dessa realidade da consciência que os interesses e preocupações da população se definem dentro dos limites em que ela se situa. O profissional tecnocrata geralmente reforça a consciência ingênua, colocando para a população exigências que estão dentro do seu universo tecnocrata, mas completamente fora dos limites de vivência da população.

A descoberta de interesses e preocupações da população é um processo de conscientização para o profissional como educador/ educando e para a população comunitária como educanda/educadora. Isso ocorre à medida que o profissional descobre as particularidades da consciência nas peculiaridades próprias do meio social vivido pela população e esta descobre as relações e correlações dos seus interesses com uma realidade mais ampla, que ela própria passa a descobrir com a ajuda do profissional.

No processo educativo de descoberta dos interesses e preocupações da população, desponta a questão da consciência individual e da consciência social.

Consciência individual é aquela que se concretiza pelo fato do homem ter personalizado, em si mesmo, os motivos e causalidades das necessidades e frustrações que requerem enfrentamentos coletivos. Como tal, responde individualmente a esses enfrentamentos.

Consciência social é aquela que o homem tem de si mesmo como ser social, assim como de suas necessidades e frustrações. Requer um pensar e um enfrentamento comum daqueles que vivem em condição social semelhante.

A consciência individual é problemática à medida que assume os problemas sociais como sendo problemas próprios, gerados pela incapacidade pessoal. Em geral assume atitudes de acomodação, neuroses profundas ou redefinições ideológicas e fantasiosas da realidade, integradas como mecanismos compensatórios.

A conscientização como elemento do processo pedagógico de participação é um processo de ultrapassagem da consciência individual para a consciência social dos problemas coletivos.

Mais um aspecto a considerar no processo de conscientização são os mecanismos de reprodução social de ordem ideológica:

a) a sobrevivência de ordem material da população que, por vezes, faz do outro de condições sociais semelhantes um inimigo, um competidor; daí interesses e preocupações coletivas serem tratados individualmente;

b) além de tomar como competidor e inimigo o companheiro de necessidades, interesses e preocupações, os próprios mecanismos de reprodução social induzem o homem a se justificar como incapaz, ignorante, tendo, portanto, de se aliar e estar ao lado daqueles que *têm, podem* e *sabem*, a fim de poder "vencer na vida".

O desenvolvimento social se confronta continuamente com a realidade sensível, mediata do homem impondo-lhe a criação de modos de pensar e enfrentar a existência; as formas de enfrentamento tornam-se, no entanto, cada vez mais limitadas e complicadas, requerendo ações comuns e coletivas.

É em meio a essa engrenagem de definição e redefinição dos mecanismos de reprodução social, assim como de definição e redefinição de mecanismos de enfrentamento dessa realidade, que a conscientização, tanto para o profissional como para a população, é um processo extremamente dinâmico.

A *conscientização*, em sua dinâmica pedagógica, se traduz como processo contínuo de compreensão crítica da realidade. Isto é, a partir da realidade existencial que se tem, passa-se a uma percepção ampliada dessa realidade; estabelecem-se correlações de causa e efeito e formulam-se juízos e críticas que direcionam a formulação de atitudes para seu enfrentamento.

Como processo pedagógico, a conscientização supõe que o profissional desenvolva suas relações na comunidade de modo a apreender:

a) o nível de percepção da população em face da realidade dos seus interesses e preocupações;

b) o julgamento que se faz quanto às condições causais impeditivas da realização desses interesses;

c) as atitudes e ações já desenvolvidas, ou que se pensa desenvolver, diante dos interesses apresentados.

As relações do técnico com a comunidade não podem ser espontaneístas. O conteúdo educativo dessas relações está no processo de troca e descobrimento que vai levando a população e o profissional a se aproximarem da realidade objetiva do mundo, do homem e das coisas, levando em conta as formas próprias de expressão dessas realidades naquele contexto específico.

A apreensão da consciência social da população a nível de percepção, julgamento e tomada de atitude ante as preocupações e interesses que se apresentam indica o processo em que se encontra a população e que servirá de parâmetro de comparação para a avaliação das condições de desenvolvimento que se operam através da contribuição do profissional.

A participação, assim como o processo de conscientização, não se opera no vazio; supõe sempre um contexto de referência no qual, por sua vez, se encontra sempre um processo real de participação ou conscientização. Esse processo pode ser mais ou menos desenvolvido, não importa; o fato é que ele existe, e é a partir da realidade em que ele se encontra que se pode considerar as ações a serem desenvolvidas como conscientes, capazes de assumir um caráter educativo em função do processo de participação.

Na perspectiva aqui apresentada, não cabe a afirmação de que se vai a uma comunidade conscientizar a população. Um primeiro aspecto a considerar é *sobre o que conscientizar*? Um segundo é que ninguém conscientiza ninguém. A consciência é sempre a consciência de alguma coisa. A população pode estar além das expectativas de conscientização que tem como profissional. A perspectiva é de que o profissional é educando e educador ao mesmo tempo, da mesma forma que a população faz com que a conscientização se torne muito mais um processo comum que vai sendo assumido pelos diversos agentes, todos como sujeito do processo de participação e conscientização.

É conveniente distinguir o processo de conscientização do processo de inculcação e manipulação.

A certeza do profissional de ir à comunidade para conscientizar levanta a questão: não se estaria confundindo conscientização com inculcação?

O processo de inculcação não requer nenhuma consideração anterior quanto às peculiaridades e particularidades sociais da população a ser trabalhada. Parte-se sempre do princípio de que a população tem sempre as mesmas necessidades e elas são tantas que qualquer ação em seu benefício é importante. É muito comum que, no desenrolar desse processo, se conclua sempre que a população é realmente incapaz, ignorante e apática, "ninguém quer mesmo nada". Nesse processo, o profissional não se dá conta das diversas formas de expressão das reações apresentadas pela população ante o autoritarismo e imposição a que é submetida, redefinindo esses processos de reação de acordo com os valores ideológicos assumidos. É comum, no processo de inculcação o fazer-se presente às solicitações do profissional e o aceitar que as regras do jogo apresentadas sejam consideradas como processo de conscientização. É comum também encontrar, nos relatos de trabalho de alguns profissionais, avaliações que dão conta de que o profissional conseguiu levar a população a se conscientizar. O que se pode supor é que a conscientização defendida refere-se a algum valor ou a alguma prática predeterminada que o técnico de antemão pretendia inculcar na população.

Sobre a conscientização como um processo contínuo e dinâmico, diz Paulo Freire (1979, p. 27):

> A conscientização, como atitude crítica dos homens na história, não terminará jamais se os homens, como seres que atuam, continuam aderindo a um mundo farto, e ver-se-ão submersos numa nova obscuridade.
>
> A conscientização, que se apresenta como um processo num determinado momento, deve continuar sendo processo no momento seguinte, durante o qual a realidade transformada mostra um novo perfil.

Como diz Paulo Freire, na aproximação espontânea que o homem faz do mundo, a posição normal, fundamental não é a posição crítica, mas a posição ingênua. A conscientização implica que ultrapassemos a esfera espontânea de apreensão da realidade para chegarmos a uma esfera crítica.

A importância do processo educativo a ser desenvolvido pelo profissional está em fazer esta ultrapassagem. Entre os diversos mecanismos pedagógicos de ação a serem utilizados pelo profissional está o diálogo. Este supõe um processo de troca, através do qual elementos de globalidade e de particularidade vão se confrontando e construindo como processo crítico de pensar e transformar a realidade.

A ampliação da percepção leva a população a apreender uma diversidade de ângulos e justificativas sobre a realidade social capaz de levá-la à formulação de novo pensar sobre esta realidade.

É a partir dos juízos críticos que se representam através da reflexão e confronto com a realidade, que se apreende que a problemática de determinados grupos sociais, no fundamental, é uma problemática comum e, como tal, supõe ações comuns.

A perspectiva dialética de compreensão da realidade não pode deixar de ser considerada, para que se chegue à apreensão das suas condições objetivas e, assim, a posições ante as mesmas.

A conscientização que se expressa só no discurso é incompleta e não fecunda, daí ela supor sempre um processo de organização social para enfrentamento da realidade. A organização social é uma consequência própria do processo de conscientização.

4.2 O processo de organização social

A conscientização se expressa na ação e supõe ação coletiva. Nesse sentido, a organização social é um requisito básico às ações necessárias do próprio processo de participação. Isso não significa desconhecer a importância social de muitas ações individuais, que se tornam contribuições decisivas no desencadear da participação social.

> Em termos individuais, a participação significa uma constante busca dos melhores caminhos bem como o aproveitamento de todas as oportunidades para conscientizar os outros e para cobrar a participação de todos (Dallari, 1983, p. 43-44).

A participação social, ante as implicações contraditórias da realidade social, supõe, no entanto, ações coletivas articuladas conscientemente enquanto força social em função de objetivos claros definidos pela população.

> A força do grupo compensa a fraqueza do indivíduo. Isso tem sido demonstrado através da história, nos mais diversos lugares e nas mais diferentes nações (Dallari, 1983, p. 43-44).

Conscientização é organização, pois supõe tomada de atitude que implica a compreensão da força social da população quando articulada e organizada. Por sua vez, organização é conscientização, pois a população projeta, avalia e confronta sua força social com a dinâmica da realidade social. As novas atitudes tomadas, as novas alianças que vão garantindo, reforçando e ampliando a força social são, ao mesmo tempo, conscientização e organização.

Os elementos apresentados têm indicações suficientes para que se diferencie a organização do processo de grupalização e dos de mobilização.

A grupalização supõe arregimentação de pessoas sem implicar consciência crítica sobre a realidade, nem sobre a força social representada por elas e pela população quando articulada e estimulada para objetivos que são do seu interesse.

A grupalização geralmente assume características formais e se apresenta através de estruturas organizadas, obedecendo muito mais a critérios artificiais de organização formal que a necessidade sentida pela população. As estruturas são, em geral, uma tentativa de reprodução das outras formas existentes na sociedade.

A mobilização supõe, também, arregimentação de pessoas em torno de objetivos apresentados por outros grupos sociais, objetivos capazes de sensibilizar temporariamente a população sem, contudo, chegar a agir sobre elas para reflexão e ação sobre o seu cotidiano. A mobilização e a grupalização, contudo, podem lançar elementos que predisponham a população a uma posterior reflexão e ação sobre o seu cotidiano, e, nesse sentido, são processos valiosos que podem desembocar em organização social.

> O instrumento principal para ação comunitária é a [...] *organização social*; não entendida como simples estrutura formal, mas como articulação consciente, permanente, dinâmica, dos grupos de uma população, ao redor de interesses comuns, objetivos reais, mas percebidos coletivamente, que alimentam ações coordenadas e que buscam satisfazer a esses interesses coletivos (Pinto, 1980, p. 11).

A organização, como se percebe, supõe conscientização e, por sua vez, é meio para que esse processo se amplie. Articulações internas e externas a nível individual, grupal e institucional são elementos próprios da organização social, enquanto expressão da força social da população. É através dessas articulações que se chega a formas concretas de enfrentamento da realidade.

Mais uma vez chama-se a atenção para as condições existenciais da população. A organização social é também processo que se dá em situações concretas e, nesse sentido, tem-se que levar em conta os interesses da população dentro de uma realidade historicamente dada.

É importante que a população se organize e não só a partir de objetivos bem definidos, mas também de todas as possíveis implicações que o enfrentamento desses objetivos supõem.

A avaliação da realidade social concreta da população frente aos objetivos é importante para que se tenham presentes os recursos necessários a eles, evitando surpresas e frustrações.

A análise e avaliação da realidade social concreta é importante, sobretudo para evitar que os fracassos venham a ser motivos de recuo e esfacelamento do processo de organização existente. É esse processo contínuo de reflexão sobre a realidade e formas de enfrentamento que distingue a organização da grupalização e da mobilização. Numa comunidade pode existir uma diversidade de grupos sociais formalmente bem estruturados, mas socialmente insignificantes enquanto expressão de poder social presente à população.

A organização social como processo pedagógico, supõe o exame das forças internas e externas que atuam na direção dos interesses e preocupações comunitárias; supõe o exame das alianças que se fazem com a população, da significação dessas alianças e das implicações; supõe, também, a compreensão dos adversários para que se tenham presentes os adversários principais e aqueles que só circunstancialmente se colocam como adversários; e, ainda um exame das condições necessárias para que os adversários circunstanciais passem para o lado dos aliados, ampliando assim a força social da população.

O diálogo, individual ou grupal, é elemento fundamental para o processo de organização e, através dele, deve-se ter claro os objetivos principais da ação, os intermediários e os imediatos. A clareza na dimensão deve ser continuamente retomada a fim de que os motivos imediatos e circunstanciais da ação não venham a atropelar os objetivos principais.

O dimensionamento claro desta realidade é fundamental para que o processo de organização avance como resposta aos interesses da população.

4.3 O processo de capacitação

A sociedade cria e recria continuamente novas estratégias de reprodução social, implícitas em legislações específicas que vão sendo criadas; em novas alianças que se fazem e desfazem, em novos serviços sociais criados ou novas formas de liberação dos já existentes, ou ainda através de instituições específicas que se justificam como resposta às exigências da problemática social. É através deste criar e recriar que, muitas vezes, o processo de organização da população, já adiantado, é apropriado, desviado ou simplesmente desarticulado. É nesse sentido que a participação supõe um processo contínuo de capacitação da população para que, em conjunto, se descubram também novas formas de reavaliação social em seus enfrentamentos. Essa reatualização supõe, por sua vez, capacitação para análise e avaliação contínua da conjuntura social, a fim de poder situar-se na própria dinâmica das forças sociais que se vão fazendo presentes à sua realidade mais próxima.

> Capacitação é um processo em que a população passa a assumir gradativamente o seu próprio processo de conscientização e organização e se torna capaz de estender a sua experiência ao todo social, penetrando mais a fundo na essência dos problemas e captando as contradições sociais a que está submetida. Como tal, percebendo mais a essência da sua realidade social, tenta encontrar novos modos de agir que respondam mais diretamente aos seus problemas (Souza, 1982, p. 134).

A capacitação como processo pedagógico supõe estimulação e assessoramento à população, para que esta tenha meios de apreensão contínua da realidade social e saiba analisá-la, situando os seus interesses, assim como as novas injunções e redefinição dos canais de comunicação que sustentam a organização. Supõe também instrumentalização da população para elaboração sistemática dos projetos reforçadores das reivindicações, para a realização de pesquisas necessárias ao embasamento de suas lutas, para criação e utilização de instrumentos necessários de comunicação com os diversos grupos sociais que a compõem, para conhecimentos das leis e políticas que lhe dizem respeito. A capacitação diz respeito também às relações da população com as instituições, o que requer compreensão da política interna e externa dessas instituições.

A capacitação é um processo em que as experiências realizadas servem de base para a implementação das novas. É nesse sentido que já se pode prever as exigências e condições materiais e institucionais de certas reivindicações. Outro aspecto a considerar na capacitação é a divisão de trabalhos de modo a se assegurar a ação de todos; a administração das ações é também outro elemento de capacitação, pois exercita o controle e avaliação coletiva das ações.

A capacitação arregimenta suas bases em algumas estruturas de apoio do tipo associações locais, regionais e nacionais ou outras entidades representativas. Estas estruturas de apoio podem requerer uma base material que, no entanto, não se confunde com os objetivos principais das ações a serem desenvolvidas pela população de conformidade com seus interesses e preocupações.

A capacitação corresponde, sobretudo, ao processo de implementação de novas ações definidas a partir da avaliação de experiências já desenvolvidas e nas quais se fazem presentes os processos de conscientização e capacitação.

Como se pode depreender, a conscientização, a organização e a capacitação não são mais que elementos de um mesmo processo que, no todo, formam o processo da participação. É na implementação consciente e sistemática desses processos que a participação social se torna essencial ao próprio DC e ao desenvolvimento global.

CAPÍTULO VI

Conjuntura social — Movimentos sociais e política social

A realidade comunitária, objeto da ação do DC, é parte de uma conjuntura mais ampla e, por sua vez, dentro dos limites da sua estrutura básica e social, possui também conjuntura própria.

A conjuntura social, caracterizada como conjunto de atores e correlações de forças presentes a determinado momento histórico, é representada, sobretudo, tomando por base determinado cenário, no qual se fazem presentes acontecimentos diversos.

No cenário da realidade brasileira, o sistema social dominante, tendo por base relações sociais capitalistas, é cada vez mais poderoso e as principais forças atuantes ultrapassam as fronteiras do nacional e são também ultrapassadas por forças internacionais. Nesse sentido, conhecer e analisar a conjuntura social brasileira supõe levar em conta as articulações que estão além dos limites do seu próprio cenário. Por sua vez, analisar outras conjunturas menores, em âmbito local ou regional, supõe levar em conta o jogo de forças presentes à conjuntura brasileira.

A comunidade se constitui cenário onde um conjunto de atores expressam relações e correlações de forças que a identificam como realidade específica, mas, ao mesmo tempo, implicada em disposições presentes a uma conjuntura mais ampla, cuja realidade tem suas determinações na própria estrutura social. Conhecer a realidade comunitária a ser trabalhada implica conhecer a sua conjuntura social. É nesse sentido que se faz necessária a análise dessa realidade enquanto conjuntura.

> A análise de conjuntura deve levar em conta as articulações e dimensões locais, regionais, nacionais e internacionais dos fenômenos, dos acontecimentos, dos atores, das forças sociais. A importância dos elementos na análise de conjuntura depende de cada situação da relação ou posição num contexto mais amplo e mais permanente (Souza, 1984, p. 16-17).

A comunidade é parte do cotidiano da população e, como tal, expressa a reação desta ante a sua própria realidade social mais ampla, a realidade das relações sociais capitalistas dominantes no país. Sobre estas, diz Castells:

> [...] a realidade do desenvolvimento capitalista avançou, como regra geral, paralelamente ao desenvolvimento do movimento operário e democrático, e com a conquista por este último — ao menos em determinados países — de liberdades políticas e de garantias sociais no concernente ao nível de vida. Desembocamos deste modo na exigência social historicamente definida de uma série de direitos à vida [...] arrancados à burguesia e aos aparelhos de Estado e cujo tratamento social, à medida que transcorre o tempo, se faz cada vez mais coletivo e interdependente (Castells, 1985, p. 6).

No Brasil, a consolidação do desenvolvimento urbano industrial põe em evidência a chamada questão social, que se define a partir da consciência social da classe trabalhadora quanto à sua realidade e quanto aos seus direitos sociais. A questão social, no entanto, faz com que o Estado reatualize suas funções até então caracterizadas mais pelo exercício do controle e da repressão. A criação da Justiça do Trabalho, da Previdência Social e de condições para reconhecimento e legalização dos sindicatos é indicativa dessa reatualização. Aliás, sobre essa realidade do Estado, diz Castells (1985, p. 8):

> Ante o desenvolvimento deste novo campo de contradições, assistimos a um intento de gestão e de previsão destes problemas através de um conjunto de medidas, instituições e práticas que constituem o que poderia denominar-se o sistema de *planificação urbana* através da qual o aparato do Estado pretende [...] superar as contradições e apaziguar os conflitos, em nome de uma nacionalidade técnica através da qual poderiam conciliar-se interesses sociais divergentes.

No Brasil, a partir da década de 1930, o Estado assume um conjunto de políticas que interferem diretamente no cotidiano das camadas populares, e atos políticos são continuamente redefinidos. Acontece que também os trabalhadores, em seus movimentos e lutas, definem e redefinem os seus canais de enfrentamento. Alguns destes são sumamente contraditórios. O sindicato, por exemplo, é canal dos mais importantes para veiculação das ações e reivindicações do trabalhador, mas, ao mesmo tempo, é penetrado pelo Estado, uma vez que está vinculado ao Ministério do Trabalho. O trabalhador tenta também outros canais de luta, como a imprensa, o partido, outros tipos de associações, se bem que é o sindicato o seu canal de luta mais importante. A comunidade, por meio das diversas formas de associações que apresenta nas últimas décadas, tem sido tomada como base de ação e reivindicação de direitos e condições básicas de vida por parte das camadas populares.

A comunidade expressa o cotidiano da população, sobretudo nas contradições que, no consumo, refletem as suas condições de trabalho. Essas condições influem na vida da comunidade a qual, por sua vez, influi também na realidade de trabalho, ambas fazendo o cotidiano da população. O conjunto das relações presentes a este cotidiano é feito, sobretudo, por elementos da conjuntura mais ampla, entre os quais se destacam os movimentos sociais e a política social. Nesse sentido, estudar e analisar a conjuntura social da realidade que é objeto do processo pedagógico do DC supõe, sobretudo, analisar a dinâmica da política social e dos movimentos sociais nessa realidade.

1. Os movimentos sociais

Movimentos sociais são formas de enfrentamento das contradições sociais que se expressam em reações coletivas a algo que se apresenta como bloqueio ou afronta aos interesses e necessidades coletivas de determinado grupo social.

Entre os diversos estudos recentes acerca dos movimentos sociais, alguns se distinguem pelo enfoque da totalidade. Outros atentam, sobretudo, para particularidades, relações e correlações manifestas no cotidiano das lutas populares. Para Castells, o que se tem até agora sobre movimentos sociais é uma reflexão em curso que trata de construir uma teoria sobre os mesmos. Para Alain Touraine:

> Qualquer que seja a abordagem mais útil, o essencial é que um movimento social só existe se combinar tais dimensões: classe, nação, modernização, ou, mais exatamente, se fala em nome de uma classe contra outra, em nome da nação contra o estrangeiro dominante, em nome da modernização e da integração contra a tradição e seu bitolamento (Touraine, apud Albuquerque, 1977, p. 42).

Alain Touraine tem em sua análise uma perspectiva de totalidade social, também encontrada nas preocupações de Castells ao falar sobre movimentos sociais urbanos:

> [...] para compreender o desenvolvimento e o significado dos movimentos sociais urbanos dentro do capitalismo avançado em geral, é necessário situá-los, por um lado, com relação à lógica estrutural do sistema e à sua expressão na crise urbana; por outro, com relação à

crise de hegemonia da burguesia monopolista no seio do Estado e às características atuais da luta política na dupla perspectiva da democracia e do socialismo (Castells, 1980, p. 20).

As formulações teóricas sobre os movimentos sociais começam a aparecer na década de 1970, iniciando-se na França e irradiando em seguida por diversos outros países. Tanto na teoria como na prática, esses movimentos são hoje tema de relevância e interesse das mais diversas categorias sociais, revelando tendências às mais diversas ambiguidades. É nesse sentido que pensar os movimentos sociais requer um pensar crítico e dinâmico.

A importância dos movimentos sociais está no papel que eles passam a desempenhar no processo de organização popular. Esse processo acontece à medida que a população supera as saídas individuais e recorre a alternativas coletivas. Todo um conjunto de situações de vida passa a ser percebido em seus aspectos comuns coletivos e, como tal, passa a ser descoberto em seus aspectos sociais. A população, libertando-se da culpa pessoal introjetada pelos valores sociais dominantes, passa a perceber a realidade do social e também a descobrir meios de enfrentamento coletivos para enfrentar a problemática social.

Os movimentos sociais são, pois, um tipo novo de associativismo e organização social, que amplia sua importância à medida que se articula com os meios já conhecidos de enfrentamento da população trabalhadora. Esses movimentos, em suas formas de luta e enfrentamento, podem ser:

— movimentos operários;

— movimentos rurais;

— movimentos urbanos.

Em seus aspectos gerais, os movimentos sociais se expressam através de formas variadas de enfrentamento dos problemas cotidianos, tais como: passeatas, saques, comitês contra o desemprego, co-

missões de fábricas, invasões, quebras-quebras, associações diversas etc. O desencadear de um movimento tem como suposto:
— a materialização das contradições sociais;
— a existência de uma relação;
— a existência de objetivos a realizar;
— a existência de formas estratégicas de enfrentamento; e
— a existência de confronto entre classes.

Falando sobre os movimentos sociais urbanos, diz Orlando Soenz que a sua teoria tem obtido muitos avanços, sendo possível em todo movimento distinguir os seguintes elementos: o conteúdo estrutural, a base social, o ambiente territorial, a organização, as reivindicações, a força social, as ações, os adversários, as reações, a linha política e os efeitos (Soenz, 1985, p. 104).

É importante que se tenham elementos de análise a nível das manifestações que ocorrem no cotidiano, uma vez que é a partir do cotidiano que se pode apreender o que caracteriza o movimento social como processo que responde à própria dinâmica da totalidade social.

As expressões manifestas dos processos de movimentos sociais por vezes correspondem a mobilizações geradas por grupos heterogêneos. Por exemplo, as mobilizações específicas do negro, do índio, da mulher. Não há dúvidas que esses movimentos assumem suas peculiaridades, mas também estão atravessados e permeados pela característica de classe dos seus membros. Mesmo mobilizações interclassistas do tipo daquelas dirigidas aos problemas do consumo, aos problemas ecológicos, à defesa do patrimônio etc. podem ajudar as camadas populares a despertarem para a realidade de sua cidadania. Em primeiro lugar, a mobilização ajuda a despertar a solidariedade. Referindo-se aos movimentos ecologistas diz Magdalena Baron (1985, p. 38):

> Existe neles potencialidade suficiente para despertar um processo de formação de uma autoconsciência coletiva. O movimento nasce a partir de um problema local, imediato, concreto, e seu desenvolvimento

tende a ampliar as reivindicações a esferas mais amplas da realidade social; assim, não estão intimamente ligados com o fenômeno que iniciou a mobilização.

Entre as representações dos movimentos sociais, é o movimento popular urbano o que mais se caracteriza como fenômeno próprio da atualidade, merecendo, portanto, algum destaque. Estes movimentos estão ligados, sobretudo, à instância da reprodução. Aí está um espaço novo de associação e exercício do poder popular, residindo também a sua importância na dimensão que assume de fazer a relação reprodução/produção.

Movimento Popular Urbano é o esforço coletivo e organizado da população pobre na tentativa de solucionar a seu favor as contradições engendradas pelo desenvolvimento urbano capitalista.

Os referidos movimentos respondem a problemas cotidianos das áreas urbanas, especialmente aquelas caracterizadas como áreas de moradia. Os problemas de transporte, água, luz, creche e moradia estão na ordem dos enfrentamentos principais que expressam tais movimentos. Como os enfrentamentos se situam, em geral, na área do consumo coletivo, questão importante é a relação entre os objetivos mediatos a serem alcançados e os objetivos mediatos de organização social da própria população. Uma ultrapassagem dos objetivos imediatos para objetivos mediatos pode se dar através dos seguintes indicadores:

— existência de processos contínuos de articulação e organização social a partir dos objetivos imediatos a serem alcançados;

— exercício de decisão e controle nas ações definidas em função das exigências do consumo coletivo da área;

— presença política da população nas instituições da área e naquelas que, pelas suas funções e objetivos, estão relacionadas à mesma.

Os movimentos populares urbanos, por se caracterizarem pela defesa da satisfação das necessidades básicas e qualidade da vida historicamente conquistadas, supõem exercícios de organização e controle que têm a ver com os enfrentamentos requeridos pelas relações de produção. A grande importância dos movimentos sociais urbanos está no exercício de organização e enfrentamento que se dá em geral a partir dos problemas do consumo. Inicialmente, o que aparece é a questão imediata a ser resolvida; porém, já à medida que esta questão consegue superar conscientemente as soluções individuais e descobrir a necessidade de saídas coletivas, a organização passa a tomar a dimensão necessária de um movimento social.

1.1 Fragilidades e limites das manifestações coletivas

Os movimentos populares requerem percepção e análise, nas quais a consciência que se tem das suas manifestações vá além daquela espontânea, normalmente existente nas saídas individuais encontradas para os problemas. Requerem ações desenvolvidas estrategicamente. Requerem objetivos claros quanto ao que se pretende alcançar. Eles encontram sua identidade na história de lutas da população, na sua trajetória. As descontinuidades no curso da história são elementos da própria trajetória, que supõem práticas de lutas e resistências nem sempre reconhecidas publicamente. Esses elementos precisam ser considerados para que não se venha a minimizar esses movimentos, ou simplesmente identificá-los como sendo uma forma qualquer de manifestação coletiva ou comoção social.

Não se deve minimizar as movimentações e mobilizações populares, mas ao mesmo tempo é preciso ser suficientemente crítico para não se cair no "festival dos movimentos sociais" onde toda e qualquer movimentação passa a ser computada como reação de classe, como modo de enfrentamento das contradições sociais fundamentais. É nesses equívocos que se encontram as fragilidades e limites principais de todo esse encantamento que é dado hoje aos movimentos sociais. As fragilidades e limites dos movimentos sociais se expressam, sobretudo, pelas tendências dominantes que muitas vezes passam a caracterizar as movimentações manifestadas:

1. A redução dos movimentos sociais a simples movimentações em busca de condições de consumo, cujos ânimos se esgotam à medida que o intento é conseguido. Esta realidade lhes dá um caráter mecânico, por vezes, contrário à sua própria significação social. Não se pode desconhecer que a população vive hoje problemas urgentes de consumo, tendo mesmo que apelar para soluções imediatas. A fragilidade está em reduzir a movimentação a um objetivo imediato, ou a ações isoladas.

2. A tendência de algumas movimentações comunitárias reconstituírem os caminhos tradicionais do associativismo, reduzindo as organizações sociais a organizações formais, a canais de reprodução da própria ordem social. Muitas associações de moradores, de amigos de bairro, clubes de mães, associações de pais e mestres, grupos de jovens etc. tendem a esta formalização, apesar de identificados como elementos manifestos de movimentos sociais. Os abaixo-assinados também se colocam nesse mesmo nível, quando não acarretam nenhuma implicação em nível de reflexão ou da ação da parte dos que assinam.

3. A tendência ao corporativismo ou a manifestações de determinados grupos sociais, que passam a constituir as suas lutas fechados em si mesmos, tentando retirar do Estado o máximo do proveito, sem atentar para a problemática maior da sociedade. As lutas da universidade — estudantes, professores — têm sempre nesta tendência uma característica dominante.

4. A tendência populista, que coloca todas as camadas sociais no mesmo barco, com os mesmos problemas, desconhecendo a problemática de classe da sociedade, assim como as suas contradições fundamentais.

5. A tendência das camadas populares se fazerem presentes aos movimentos levadas pelo costume de obedecer ordens. Das ordens do Estado através das instituições, passam a obedecer às ordens de alguns grupos que tudo comandam e tudo decidem.

É importante que as manifestações nas quais se fazem presentes tais tendências sejam observadas e analisadas, não para ignorá-las em sua importância enquanto processo social, mas para que se possa descobrir as suas potencialidades como manifestações possíveis de se tornarem expressões verdadeiras de movimentos sociais.

1.2 Aspectos históricos dos movimentos sociais no Brasil

No Brasil, os segmentos majoritários da população foram condicionados sempre a uma posição de subordinação. De início foi a população nativa, levada à subordinação aos colonizadores portugueses; em seguida, a população negra e também grande parte dos imigrantes europeus.

Examinando e tentando reconstituir a história dessas camadas majoritárias da população um elemento novo que se pode depreender, não figurante na historiografia mais comum, são as lutas ante a dominação a que são submetidas. São inúmeras as formas de reação da população nativa. Entre os negros, pode-se destacar a República dos Palmares, estabelecida no estado de Alagoas. Entre os imigrantes, as formas de reação contavam inclusive com a experiência europeia, onde a história de lutas dos trabalhadores é bem mais antiga. A consolidação do trabalho urbano e a ampliação dos aglomerados urbanos no início do século XX fizeram com que as lutas dessa população alcançassem uma expressão maior na articulação e nas condições de aglutinação. Essas lutas, no entanto, passaram a conviver com fases contínuas de ascensão e depressão, apesar de sempre presentes à sociedade brasileira.

> [...] nos anos de 1905-1908, dá-se a formação da federação operária de São Paulo e se realiza o Primeiro Congresso Operário; ocorrem duas grandes greves em Santos (1905-1908), a greve ferroviária da Paulista, a greve generalizada de maio de 1907 em São Paulo, a paralisação dos sapateiros na capital da República (1906) (Fausto, 1976, p. 133).

Boris Fausto, em seu livro *Trabalho urbano e conflito social* apresenta todo um conjunto de ações e lutas desenvolvidas pela população trabalhadora na Primeira República. Edgard Carone (1984), em

Movimento operário no Brasil, também realça a disposição de lutas da população trabalhadora em face da sua realidade de exploração e dominação.

Os confrontos, as lutas que destacam os movimentos sociais na atualidade, têm a ver com a história de lutas da população trabalhadora. No Brasil esta história tem um dos seus capítulos importantes a partir da Segunda República, quando a consolidação da economia urbano-industrial fez com que essas lutas passassem a fazer parte do cenário político do país. É a época em que as lutas passam a ser gestadas com certa consciência de classe e não como forma instintiva e parcializada de reação. A problemática maior da população trabalhadora passa a ser reconhecida como problemática coletiva, que, portanto, deve ser enfrentada coletivamente. Como meio de enfrentamento coletivo, tem-se como lugar privilegiado o sindicato:

> Era através da organização sindical e de suas lutas que se pensava tocar a contradição principal do sistema capitalista e, portanto, o ataque a partir desta trincheira era chave principalmente para a mudança do sistema (Queiroz, 1985).

O que surgiu de novo a partir do final da década de 1950 foi a descoberta de que não é tão somente o sindicato que se coloca como chave para os enfrentamentos coletivos da população trabalhadora ante as contradições sociais.

A degeneração das condições de trabalho da população trabalhadora e a baixa crescente do poder aquisitivo dos salários, assim como os condicionamentos políticos a que foi submetida esta população, impuseram a descoberta de novos caminhos para as suas lutas não só no Brasil, mas em toda a América Latina.

Nas últimas décadas, o Brasil alcançou um ritmo acelerado de crescimento econômico. A política econômica do país favoreceu este ritmo, estimulando a industrialização por meio da entrada do capital monopolista permitindo o estabelecimento de toda uma tecnologia poupadora de mão de obra e favorecedora da acumulação capitalista.

Por outro lado, teve-se como resultado a pauperização cada vez maior da população, manifestada na faixa crescente de desempregados e na redução também crescente do poder aquisitivo dos salários.

> Malgrado já ser o oitavo país do mundo capitalista, em termos de produto industrial, no Brasil os salários são baixíssimos, mesmo quando comparados às sociedades de incipiente industrialização (Kowarick, 1984, p. 65).

A pauperização tem a ver também com a penetração do capitalismo no campo. Esta penetração tem, como consequência, a concentração da estrutura fundiária em grandes propriedades, a monocultura, a penetração de tecnologia poupadora da mão de obra e as novas formas de relações de trabalho que supõem a expropriação da terra e dos instrumentos de trabalho sujeitando o homem à expulsão do campo, vindo este a somar-se aos desempregados e subempregados da área urbana. Em 1940, 60% da população morava na cidade. Atualmente a situação se inverteu e a problemática social se agudiza nas áreas urbanas, uma vez que aí se concentram cada vez mais a pauperização e a miséria.

No urbano, a agudização da problemática social é reforçada também pelas novas formas de exploração do solo. A especulação mobiliária, resguardada pelo Estado através da política estimuladora de investimentos urbanos, influiu no preço do solo urbano. Por outro lado, deve-se ainda considerar as empresas de construção civil, que condicionam os altos preços de moradia.

Tem-se, portanto, a nível de processo econômico, de um lado a valorização excessiva dos bens necessários à reprodução da existência humana e, de outro, a excessiva desvalorização do trabalho. Para retomar o poder aquisitivo dos salários, os trabalhadores ampliam suas horas de trabalho e incorporam novos membros da família, a mulher, os filhos menores etc.

Perante a realidade econômica do trabalhador, ainda se tem a considerar a sua realidade política, concretizada através das suas relações com o Estado. Para garantir a plena realização do capital, o Estado, na década de 1960, institui uma série de mecanismos de repressão, desestabilizando as diversas organizações e reprimindo toda e qualquer manifestação originária dessa classe.

Foi nessas condições de exploração, pauperização e repressão que, não só no Brasil, mas também em toda a América Latina, os movimentos sociais passaram a se gestar como novas formas de tocar a contradição fundamental da classe trabalhadora. E esses movimentos têm tido, na maioria das vezes, como ponto de partida, os problemas coletivos do consumo.

> Nestas condições, as grandes mobilizações populares são, na América Latina destes dias, mais pela defesa da satisfação das necessidades básicas da qualidade de vida que historicamente o povo havia conquistado que pelas reivindicações sindicais. Por esta razão o lugar natural dessa mobilização popular passou a ser prioritariamente o bairro (Queiroz, 1985, p. 28).

A emergência dos movimentos populares deve ser compreendida também em seus pontos de apoio, destacando aqui o papel da Igreja e de outras instituições da sociedade civil. Estas instituições vão contribuindo como ponto de apoio ajudando na descoberta dos espaços necessários de confrontos e enfrentamentos que materializam os movimentos sociais. Nesse sentido, os bairros e os espaços de moradia têm sido locais privilegiados para esse apoio.

Na dinâmica evolutiva dos movimentos sociais, o Estado tem desempenhado vários papéis, considerando principalmente que estes movimentos supõem relação de confronto, cujo alvo é sempre o Estado. A compreensão dos movimentos sociais não pode, portanto, ser considerada como fenômeno à parte em relação ao Estado.

> Para apreender os movimentos sociais urbanos hoje, não se pode minimizar as transformações ocorridas no seio do aparelho estatal nos últimos anos. O Estado a partir dos meados da década de 1970 passa a responder aos movimentos através da implementação de

políticas sociais globais que geram por sua vez expectativas de demanda (Jacobi, 1984, p. 72).

No Brasil, a partir da segunda metade da década de 1970, o Estado assumiu posição mais flexível ante as camadas populares, criando-se também alguns espaços para a solidificação dos mecanismos de reação social que se vinham gestando nos últimos anos da década de 1960. A própria derrota do partido do governo nas eleições de 1974 fez o Estado aperceber-se do seu distanciamento ante a sociedade civil, e isso levou a novo direcionamento da sua política social.

Entre as possibilidades das manifestações coletivas — apesar de suas fragilidades — um aspecto a considerar são as oportunidades de articulação e organização social possíveis de serem criadas a partir do próprio Estado. Enfim, o Estado não se define como um bloco monolítico do poder, mas como uma correlação de forças constituída também pelas camadas populares. Além do mais, os movimentos sociais, como elementos da sociedade civil, não conseguem desenvolver suas ações de forma estanque em relação ao Estado e suas instituições, assim como não se pode pensar limites rígidos do Estado diante da sociedade civil.

Em tese, os movimentos sociais trabalham sobre o legítimo, e o Estado, sobre o legal. Nesse sentido, muitas reivindicações têm as suas respostas necessárias logo institucionalizadas pelo Estado. Ocorre que o processo de legalização de muitas reivindicações, por vezes, tem sido dado como meio de dispersar a população, não sendo posteriormente o mesmo levado à prática. Deste modo, a luta das camadas populares tem-se orientado para o cumprimento não só do legítimo, mas também do legal. Esta dinâmica contínua das relações Estado/sociedade deve ser compreendida para que se possa ter uma compreensão real dos movimentos populares. As ações e redefinições do Estado através da política social estão estreitamente vinculadas aos movimentos sociais, e estes, por sua vez, não podem ser devidamente compreendidos se se minimizam as transformações que vão ocorrendo no seio do aparelho estatal.

2. A política social

A política social tem sua origem estreitamente ligada ao desenvolvimento urbano industrial. Este desenvolvimento acentua as contradições sociais e essas, por sua vez, fazem emergir a chamada consciência de classe dos trabalhadores. Além dos problemas de exploração do trabalho, outros passam a somar-se aos já vividos pela população majoritária e, diante deles, essa população passa a reagir caracterizando o que já na Europa era tratado como questão social. Perante ela, o Estado se redefine em suas funções e passa a utilizar uma série de mecanismos institucionais de controle, preocupando-se com a política social, até então fora de seu âmbito de interesses.

Pensar a política social é pensar a própria dinâmica conjuntural do Estado brasileiro a partir da Segunda República. Com o desenvolvimento urbano-industrial e a consolidação da questão social, o Estado já não mais ignora a problemática social. As funções repressivas exercidas na Primeira República ante a problemática social emergente são redefinidas em termos de mecanismos de disciplinamento entre os quais se coloca a política social.

As redefinições e reatualizações do Estado vão se processando continuamente, à medida que as forças sociais dominantes vão impondo novas exigências de controle e disciplinamento. Com a política de abertura ao capital monopolista na década de 1960 o Estado amplia suas funções, passando a identificar-se pelo planejamento. As instituições a ele relacionadas passam igualmente a valorizar os planos e projetos que, em geral, nada têm a ver com a prática desenvolvida. O Estado assume, posteriormente, também as funções de produtor, preenchendo os vazios do sistema de produção. Passa a responsabilizar-se pela produção daqueles bens que requerem alto grau de investimento e que não são rentáveis a curto prazo. No exercício das funções de produtor, o Estado associa-se ao capital monopolista, o que faz com que suas políticas em geral se dirijam cada vez mais à defesa desse capital. Em um primeiro momento, o capital monopolista penetra no país, associando-se ao nacional; em seguida este se associa ao próprio Estado produtor.

A consolidação do capital monopolista e o sistema de dependência política e econômica que se estrutura em relação à metrópole fazem com que o Estado minimize suas funções de regulação econômica e redefina de modo mais acentuado os seus mecanismos de disciplinamento das camadas populares. Esses mecanismos dirigem-se às camadas populares, mas respondem às exigências de desenvolvimento do capital.

Não é sem razão que o Estado assume, cada vez mais, um caráter de ambiguidade em suas políticas sociais. E é nesse contexto de ambiguidade que se coloca a política social.

O Estado utiliza a política social não só em função do disciplinamento e criação de espaços políticos para o pleno desenvolvimento do capital, mas também de um mercado de consumo necessário a este. Muitas políticas que incentivam a importância de determinados equipamentos sociais dirigem-se mais aos objetivos do consumo dos bens industrializados que ao de prestar um serviço à população. Não é sem razão que se encontram, em diversas áreas, equipamentos de saúde e de preparação da mão de obra em degenerescência, sem nunca terem sido usados. Não é sem razão que o cooperativismo recebe estímulo muito grande do governo, mesmo não se diferenciando de uma empresa capitalista qualquer. Através das cooperativas, há um mercado aberto para consumo de motores e equipamentos diversos, destinados à agroindústria e com o apoio financeiro do Estado.

> O papel do Estado agudiza-se porque ele tem que responder às pressões populares e ao mesmo tempo criar condições gerais, fundamentalmente para a produção. É neste movimento de atender aos dominantes e dominados que se abrem espaços de lutas populares (Gohn, 1985, p. 7).

Em nível de disciplinamento, o Estado tem a enfrentar as contradições que se expressam através de uma massa crescente de população sem condições mínimas de alimentação, moradia, educação e saúde. Os conflitos surgidos e ressurgidos com o agravamento dos problemas vividos pelas camadas populares ameaçam a própria dinâmica da acumulação e aí está uma situação crítica de reforço das ambiguidades do Estado. É nesse sentido que o desaparecimento de muitos serviços de auxílio e ajuda às populações pobres, sob a responsabilidade das instituições privadas, se confundem com a história de organizações estatais que passam a ser criadas para assumir tais serviços, gerindo-os e executando-os de modo a se efetivar, através deles, exercícios contínuos de controle e disciplinamento. A política social, pensada em si mesma, desligada das suas determinações e das suas relações com a dinâmica do Estado, vai resumir-se à compreensão casuística de uma realidade aparente. Daí a necessidade de uma compreensão do contexto global em que ela se desenvolve.

2.1 Características da política social no Brasil

A política social, em sua aparência, se caracteriza como um conjunto sistemático de princípios, diretrizes e normas, assumidas pelo Estado para a condução de suas ações diante da problemática social.

Esses princípios, diretrizes e normas respondem a problemas sociais já existentes e em geral criados por outras políticas, particularmente pela política econômica. Neste sentido, a política social desde a sua origem tem adquirido uma característica residual. O Estado coloca-se como árbitro da questão social e, ao mesmo tempo, como adversário de um dos grupos em confronto, que são as camadas populares. Nesse sentido, a partir do movimento de 1964, cujo alvo principal era a criação dos espaços necessários à ampliação crescente do capital monopolista, uma das primeiras ações do Estado foi a desmobilização e repressão das camadas populares. Através de prisões diversas aqueles que exerciam funções de liderança junto a essas camadas são afastados das ações e lutas comuns. Os sindicatos e associações passam a ser dirigidos por representantes do Estado e não da classe trabalhadora. De 1964 a 1974, a política do Estado foi, sobretudo, uma política de resistência e opressão às camadas populares e se expressou por meio de prisões, suspensão de direitos políticos, cassação de mandatos, controle político e repressivo das organizações populares e, sobretudo, arrocho salarial. O Estado se afastou cada vez mais das camadas populares pelas medidas arbitrárias que tomou ante a problemática social. Os planos e projetos passaram a ser bandeira de justificativa das ações do Estado. Eles, no entanto, foram elaborados sem mediação representativa dos interesses populares e se dirigiram, sobretudo, a questões genéricas distanciando-se da problemática própria de cada contexto. Esta realidade se refletiu basicamente no Primeiro Plano Nacional de Desenvolvimento (1972-1974), onde a preocupação básica do governo diz respeito ao crescimento econômico do país. Nesse plano, as diretrizes próprias da política social definiram-se em grandes itens que mais indicaram a existência de uma problemática que pouco tem a ver com a dinâmica social do país. A política social é a política de integração social. Nessa, alguns programas são destacados: o PIS (Programa de Integração Social) e o Pasep (Programa de Formação do Patrimônio do Servidor Público), o Mobral, o Sistema Financeiro de Habitação. Cabe a essa política de integração social:

— criar base para o mercado de massa;
— associar a assistência aos estímulos para o trabalho e para o aumento de eficiência do trabalhador;
— em certos casos, induzir que o aumento de renda implique em aumento de poupança, como no caso do PIS e do Pasep (I PND, 1972-1974, p. 40).

Anteriormente ao I PND, algumas ações já tentavam esta mesma perspectiva de integração social. O PAC, por exemplo, criado em 1969 pelo Ministério do Interior, tentou privilegiar o desenvolvimento de alguns municípios centrais como meio de integração dos municípios circunvizinhos. A questão que fica sempre desconsiderada é a da estrutura econômica e social destas regiões, questão esta que centraliza os problemas básicos e fundamentais dos mesmos.

A tentativa de compactuar as diretrizes centrais da política estatal, de modo a ser assumida como própria pelas camadas populares, estimula a criação de mecanismos operacionais para efetuar a relação povo-governo. Em 4 de setembro de 1970, através da Portaria n. 114, do Minter, fica criada a CPDC (Coordenação de Programas de Desenvolvimento de Comunidade). A CPDC era o órgão nacional encarregado da coordenação em âmbito nacional, dos programas de desenvolvimento de comunidade, através de articulações no nível regional, podendo articular as diversas regiões no plano estadual e municipal. O desenvolvimento das suas funções reais na estrutura social e dos interesses da população a qual se destinava, por certo, teve a ver com a vida curta da CPDC. Extinta a CPDC, criou-se em 1973 a UPDC (Unidade de Coordenação de Programas de Desenvolvimento de Comunidade), que não chegou sequer a disseminar de modo objetivo os seus mecanismos de ação entre as unidades locais.

A política de integração social, por meio de mecanismos residuais que se estabeleceram a nível de grandes diretrizes, sem atentar para as exigências específicas dos diversos contextos, foi uma característica dos planos que antecedem o II PND. A política econômica não é questionada, as camadas populares devem integrar-se a ela, contribuindo todos para "o crescimento do bolo". Enquanto isso, a pauperização da população vai se tornando cada vez mais escandalosa.

Nesse contexto de controle e disciplinamento, o Estado afastou-se cada vez mais das necessidades reais do povo. É aí que se foram gestando as lutas e enfrentamentos populares. Somando-se a estas lutas, não se pode desconhecer a vitória do então MDB e as denúncias e protestos de algumas instituições: o movimento pelos direitos humanos, a OAB, a ABI, a Igreja etc.

Nas fábricas gestou-se a oposição sindical, nos bairros, as lutas; nas diversas camadas da população o anseio por mudanças.

> Face à nova conjuntura brasileira instaurada após o pleito de novembro de 1974, às classes dominantes e aos aparelhos burocratas do Estado

não restou senão a alternativa de mudança de suas características políticas (Gohn, 1985, p. 90).

Diante dessa realidade, o II PND (1975-1979) marcou uma posição bem mais decisiva e sistemática em função da retomada das relações do Estado com as camadas populares. Algumas políticas nesta direção foram criadas e outras já existentes foram redefinidas. O Mobral e o Projeto Rondon assumiram a ação comunitária como básica em suas operações. As áreas de moradia foram identificadas como necessárias para ação da política social. É nesse sentido que, em 1975, se criou o Programa de Centros Sociais Urbanos, cuja finalidade era promover a integração social nas cidades através do desenvolvimento de atividades comunitárias. Estimulou-se também, em nível municipal, a criação de projetos locais de ação comunitária como meio do Estado se fazer presente junto às camadas populares.

A partir de 1977, com os movimentos sociais cada vez mais presentes ao cenário político nacional, e, em 1978, mais uma vez saindo vitoriosa a oposição, o Estado tentou neutralizar a sua política de disciplinamento das camadas populares. O III PND (1980-1984) chamou a si, então, a questão da *participação popular*.

A busca de formas mais eficazes do envolvimento da população nos planos do Estado fez com que as cidades e municípios passassem a ser considerados em sua importância. Ao município competia garantir os serviços sociais básicos em geral, através das relações que se estruturassem entre eles e as instituições encarregadas da liberação e definição das condições operacionais de tais serviços.

Apesar de as necessidades de consumo de alimentação se apresentarem como necessidades individualizadas, personalizadas, a política social tentou atingi-las coletivamente através de programas como: o sopão, o mingau, as sacolas de mantimentos, o leite etc.

O alvo principal das políticas públicas na atualidade é o urbano. As contradições que aí se apresentam originam-se no processo global de acumulação capitalista e assumem as mais diversas formas de expressão, principalmente nas áreas urbanas. Os problemas da pauperização se aguçam e assumem diversas modalidades de expressão. Por isso, a política social passa a se definir também no nível de programas emergenciais.

Ante a realidade atual da política social, não se pode deixar de considerar as alterações conjunturais que vêm se processando no cenário político nacional. O discurso da participação popular de alguns partidos de oposição abre espaço para cobranças e para confrontos. Por sua vez, algumas experiências de trabalho coletivo desenvolvidas a partir de programas da política social terminam constituindo ponto de partida da população para articulações e reivindicações mais amplas da sociedade.

> Uma das grandes contradições enfrentadas pelas administrações públicas reside no fato de que, por um lado, têm elas a responsabilidade por uma série de fatores que a população não pode conhecer. Por outro lado, não podem perder a confiança da população e o apoio político indispensável para neutralizar inclusive a força de interesses particularistas com os ligados à especulação (Brasileiro, 1982, p. 63).

Algumas experiências de políticas públicas nos municípios têm de ser consideradas também como abertura possível da política social. As experiências de Lajes, em Santa Catarina, Toledo, no Paraná, Boa Esperança, no Espírito Santo, se, por um lado, são criticadas como modo de reatualização das formas de dominação do capital, por outro, são consideradas também como um exercício importante de penetração e participação da população no poder público. De fato, a participação não surge simplesmente a partir de uma necessidade, é preciso que haja prática de exercícios nesse sentido. Inegavelmente, em muitos aspectos as experiências de administração participativa dos municípios citados abriram algumas perspectivas para o exercício da participação.

As experiências citadas se fizeram efeito de demonstração para outras áreas e objeto de estudo e avaliação das possibilidades de ações participativas através do poder público. Os próprios candidatos a prefeitos para eleições de 1985 passaram a incluir em suas plataformas elementos dessas experiências, sendo estes, portanto, mais um espaço de cobrança e confronto. É difícil medir a representatividade destas alternativas de administração municipal que significam uma alternativa para as políticas públicas. Mas, de qualquer forma, elas têm despertado novo pensar sobre tais políticas. É também uma redescoberta da dimensão municipal, relegada a segundo plano em função da centralização do poder do Estado brasileiro, ao assumir as características de Estado burocrático-autoritário a partir de 1964. A própria Constituição de 1967 minimiza a dimensão municipal, tirando daí grande parte de suas receitas.

O planejamento participativo é a dimensão assumida ideologicamente pelas políticas a partir do III PND. Alguns reagem a estas experiências pelo seu potencial reativador das funções do Estado na direção de uma reciclagem para o capitalismo em crise. Este planejamento pode, no entanto, também significar espaço de cobrança e confronto com base nos próprios princípios que atentam para esse tipo de planejamento.

3. O encontro política social/movimentos sociais

E essencial que se analisem e identifiquem os espaços de cobrança e confronto criados pela política social, que se dão de formas bem diferentes em cada conjuntura histórica. Segundo Maria da Glória Gohn (1985), a dinâmica interna dos movimentos vem se alterando:

> As causas destas mudanças são várias, destacando-se a ascensão da oposição ao poder em 1982, em vários Estados e municípios brasileiros. Isto resultou, em alguns casos, na incorporação de vários conflitos e oposições no interior de vários aparelhos estatais.
> Esta relação tem gerado duas tendências básicas. De um lado, temos a tendência de institucionalização dos movimentos, já assinalados, e o consequente perigo da perda de sua autonomia. De outro, temos o avanço do movimento popular num sentido duplo.

O avanço dos movimentos populares no sentido da aprendizagem política das próprias engrenagens do funcionamento do Estado é um deles. O outro sentido deste avanço está na crença de alguns grupos em sua capacidade de atuação e pressão para mudarem as políticas oficiais.

O curso da história revela as possibilidades de avanço nesses dois sentidos, mas também já revela uma certa acomodação de alguns grupos em relação ao enfrentamento dessas possibilidades. Nesse sentido, já se pode antever também as possibilidades de reciclagem das formas de atuação do Estado para poder chegar a formas mais eficazes de controle social.

Por outro lado, os espaços de lutas populares podem ser descobertos em suas situações concretas, à medida que o Estado é, sobretudo o produto de uma correlação de forças. É através da compreensão das forças interatuantes e em confronto na produção do Estado que se pode apreender espaços possíveis de transformação social. Esta compreensão requer uma dimensão de análise dos atores que efetivam a realização das políticas já definidas e outra dimensão de análise globalizante, no nível daqueles atores que condicionam a definição de tais políticas.

Um aspecto a considerar na dinâmica conjuntural do país hoje é que a classe dominante está dividida entre forças conservadoras e forças liberais. Estas forças diferem no encaminhamento dos seus projetos e daí as alianças e rompimentos de alianças antes impensados. Não se pode ignorar que, no fundamental, a dominação social está garantida. Mas não se pode ignorar também que o fazer e refazer dessas alianças deixam espaços possíveis para um projeto amplo de participação social. As políticas sociais hoje defendem bandeiras de lutas antes defendidas e trabalhadas pelos movimentos sociais. Não se pode deixar passar despercebidas as estratégias de dominação que aí se fazem presentes, mas também não se pode ignorar as possibilidades que se constroem através dessas alterações.

Os encontros possíveis de política social com os interesses e preocupações da população ou da política social com os movimentos sociais devem ser avaliados em sua significação, tomando como um dos indicadores básicos os exercícios de organização e articulação que passam a ser desenvolvidos pela população.

Falando sobre os movimentos de bairro, diz Julian Vargas (1985, p. 43):

> [...] a esquerda não é a única postura interessada na participação comunitária. A política de participação a nível de base se está convertendo em programa oficial e inclusive continental. Os organismos internacionais de créditos, os centros de poder norte-americanos estão delineando programas sociais nos quais a intervenção comunitária e a "participação" são o conteúdo obrigatório. Tendo isto em mente, creio necessário discutir critérios e políticas concretas, para evitar que as energias sociais dos setores populares sejam canalizadas para os interesses dos poderes estabelecidos.

No Brasil, e particularmente no Nordeste, um exemplo bem vivo da questão colocada por Julian Vargas está nas exigências de organização popular colocadas pela assessoria técnica do Banco Mundial, em função dos financiamentos do Projeto Nordeste. O sentido da organização popular, no entanto, se coloca, sobretudo, em termos de uma estrutura organizacional que garanta ou assuma as propostas levadas pelo plano. A questão fundamental, portanto, é a do controle e disciplinamento social da população usuária do Projeto Nordeste.

A significação das propostas de organização social precisam, pois, ser continuamente avaliadas para que esta assuma de fato a sua significação social maior, que está em aglutinar a população enquanto força social e agir na defesa dos seus direitos e preocupações tomando por base esta força.

Outro elemento importante de avaliação diz respeito ao uso da palavra pelo povo. O povo desaprendeu o uso da fala. Em geral, a predisposição é dizer sim a tudo, significando isso uma falta de confiança em si mesmo, em seu saber, em seu pensar, em suas decisões. Por isso é que o uso da fala é um exercício de participação e, como tal, precisa ser avaliado.

A discussão dos interesses e preocupações pela própria população, assim como dos seus próprios planos de ação, significa devolver ao povo o uso da palavra, da mesma forma que a tomada de decisão sobre a realização de algumas ações e o próprio desenvolver destas ações pelo povo significam retomada de autoconfiança e redescoberta do poder popular.

A política social, em que pese toda a sua característica dominante de reparadora e residual em relação a outras políticas assumidas como fundamentais ao desenvolvimento do país, deve ser analisada também nas possibilidades que oferece de uma aproximação com as preocupações e interesses das camadas populares. O compromisso profissional e a competência profissional são recursos necessários ao descobrimento e à ação sobre estas possibilidades.

O DC é um processo técnico-pedagógico requisitado para implementação e operacionalização das políticas sociais. Em outras circunstâncias, ele é também requisitado como apoio técnico-pedagógico à consolidação das lutas populares. Não se tem dúvidas que o DC é um processo técnico-pedagógico dirigido aos objetivos das camadas populares. Em sua prática, no entanto, ele tem se revelado de forma ambígua e contraditória. Isso impõe ao profissional comprometido um processo contínuo de avaliação. O reconhecimento dos seus limites e, ao mesmo tempo, o impulsionamento das suas possibilidades levam o DC a ser hoje um dos instrumentos principais de participação e desenvolvimento das condições de cidadania da população que são, em si, recursos necessários e básicos ao desenvolvimento global.

CAPÍTULO VIII

Atribuições profissionais no desenvolvimento comunitário

No DC, o profissional pode contribuir vinculando-se organicamente ao processo até então existente e, a partir deste, desenvolver com a população reflexões conjuntas sobre a realidade da área, sobre as condições de enfrentamento dos interesses e preocupações existentes, definindo conjuntamente ações de enfrentamento, desenvolvendo-as conjuntamente, avaliando-as e redefinindo-as em função de uma realidade em mudança.

As atribuições profissionais no DC definem-se ante a problemática que bloqueia esse desenvolvimento e os objetivos do processo pedagógico que o tentam atingir. Tais atribuições se definem ou se redefinem também ante as situações de espaço e tempo de determinadas conjunturas. Nesse sentido, um primeiro nível de atribuição, para o qual o profissional precisa estar habilitado, é o da análise da conjuntura social na qual sua prática se situa. Um segundo nível de atribuição é o de definir e redefinir pedagogicamente diretrizes de ação próprias do DC frente a conjunturas específicas e acioná-las enquanto prática.

A partir desses dois níveis, de certo modo genéricos, passa-se para níveis mais específicos de ação que implicam traduzir para a realidade do DC as diretrizes da política social e/ou identificar, nos movimentos sociais, aqueles elementos de desenvolvimento comunitário que, uma vez estimulados, contribuam para a sua consolidação. Em resumo, considera-se como atribuições profissionais no processo do DC:

— o conhecimento e análise da conjuntura social na qual a prática do DC se situa;

— a operacionalização dos princípios e diretrizes metodológicas do DC;

— a operacionalização de programas de política social levando em conta as exigências de participação da população comunitária;

— a operacionalização da prática do DC como meio de fortalecimento dos movimentos sociais.

Cada uma destas atribuições tem o seu detalhamento específico.

1. Conhecimento e análise da conjuntura social

Por certo que o DC como processo pedagógico que envolve opções, a nível dos objetivos e, como tal, também quanto aos meios a serem acionados, vem a identificar-se como uma ação política. É nesse sentido que as variáveis situacionais ou conjunturais do contexto de ação precisam ser examinadas e tratadas como elemento do próprio processo pedagógico. O conhecimento e análise de conjuntura são importantes para que se identifique o contexto da ação e para que os elementos deste contexto, que se definem como elementos da problemática do desenvolvimento comunitário, sejam levados em conta pelo próprio processo metodológico do DC.

A análise conjuntural do contexto da prática do DC pode ser feita num nível mais geral ou num mais restrito do âmbito de ação dessa prática.

A nível mais geral, tem-se a análise da conjuntura das forças definidoras da política social, que se referem à importância e necessidade dessa prática assim como das forças definidoras dos movimentos sociais em geral. Por sua vez essa análise geral não responde às exigências daquela que deve ser realizada tendo por base a comunidade, ou área específica de ação. Nesse sentido, alguns níveis de análise são necessários para a compreensão da realidade social a ser transformada pela prática do DC:

1. conhecimento e análise do contexto mais geral das definições e diretrizes norteadoras do DC no âmbito da política social e dos movimentos sociais;
2. conhecimento e análise do contexto regional econômico, político e social em que se situa a comunidade;
3. conhecimento e análise do contexto comunitário em face dos movimentos e/ou influência destes e em face das interferências da política social;
4. conhecimento e análise do contexto específico em que se situam os interesses e preocupações da população comunitária.

2. Operacionalização dos princípios e diretrizes metodológicos do DC perante as conjunturas específicas das comunidades

A própria teoria do DC implica formulações metodológicas cujas operações têm por base a identificação dos interesses e preocupações da população e a definição de ações de enfrentamento por essa população.

A definição e a redefinição pedagógica de diretrizes de acordo com as exigências das conjunturas específicas da prática supõem que os interesses e preocupações da população comunitária sejam considerados em si mesmos. Não devem tomar como base exemplos retirados de outras realidades, dispensando-se, por conseguinte, de se dirigirem à própria realidade cotidiana da população. Supõem apreender-se o conjunto das conexões internas das forças comuns e daquelas contraditórias que se fazem presentes a essa realidade. Supõem ter sempre presente que "tudo está ligado a tudo" e, por isso, as definições devem levar em conta a estrutura social onde se situa a realidade objeto da ação, assim como sua historicidade. Essas suposições e princípios fazem com que a metodologia do DC não tenha por base formas rígidas de ação, mas, por outro lado, suas exigências no nível de reflexão da realidade rejeitam toda e qualquer forma de ativismo e espontaneísmo. A existência de uma problemática e de objetivos a atingir diante desta problemática já em si supõem ação refletida e controlada. Esta ação, refletida e controlada, se torna mais exigente ainda, uma vez que o fundamental da mesma está no processo educativo do qual se faz meio.

Definir e redefinir pedagogicamente diretrizes de ação próprias do DC significa um exercício contínuo de ultrapassagem das explicações e interpretações que se tornam concretas pelo que conseguem explicar das particularidades do cotidiano. Significa, também, traduzir tais explicações concretas em ações ou operações de mudanças da realidade insatisfatória em realidades e interesses que respondam aos interesses e objetivos dos segmentos majoritários da população.

A atribuição que ora se discute implica que o profissional do DC:

1. conheça os objetivos remotos de ação do DC e as possibilidades pedagógicas existentes para que tais objetivos se concretizem ante uma realidade social determinada;

2. dimensione os possíveis objetivos imediatos e mediatos da ação de acordo com a conjuntura específica da área em que se realiza a prática pedagógica, redefinindo-os continuamente conforme as alterações e novas correlações de forças que vão se fazendo presente à área;

3. desencadeie um relacionamento profissional junto à comunidade capaz de estimular e sustentar um processo contínuo e comum de reflexão-ação;

4. identifique o estágio de desenvolvimento em que a comunidade se encontra, assim como os possíveis processos educativos requeridos por este estágio, a fim de que novos estágios

sejam desencadeados, respondendo aos interesses da população comunitária;

5. estimule pedagogicamente a reflexão da comunidade sobre sua realidade conjuntural, a partir das preocupações e interesses que vão se apresentando, numa tentativa de apreender as alterações da realidade social e descobrir alternativas possíveis de enfrentamento desta realidade social mais ampla;

6. desenvolva processos educativos que possam criar condições para que a comunidade expresse preocupações e interesses e descubra o que fazer ante eles, reforçando e ampliando, consequentemente, os níveis de conscientização e organização existentes;

7. avalie continuamente com a comunidade o processo de desenvolvimento em que se encontra, assim como os efeitos das ações desenvolvidas sobre esse processo;

8. oriente o processo educativo desenvolvido, de modo a servir de base para a identificação e avaliação contínua da realidade social da população, formando assim um conjunto de dados e elementos objetivos necessários a argumentações e justificações que conduzam os planos institucionais às metas esperadas pela população comunitária;

9. documente tecnicamente o processo de desenvolvimento comunitário, de modo a instrumentalizar os planos e avaliações que ajudem a conduzi-lo.

3. Operacionalização de programas de política social levando em conta as exigências de participação da população usuária

As alterações conjunturais levam a redefinições da política social e, em determinado momento histórico, as ações comunitárias são descobertas como elementos possíveis de serem assumidos por esta política. A ação comunitária é visualizada como mais uma variável dos serviços sociais prestados à população e se identifica com o aumento e ampliação dos serviços sociais. Quanto mais serviços sociais, "mais desenvolvimento social". Esta concepção equivocada tende a ser coerente com as soluções registradas pela aparência dos problemas; como tal, conduz à reprodução dessa problemática em sua dimensão causal.

Os serviços sociais, por certo, tendem a atender à problemática social em suas exigências imediatas e, portanto, em sua aparência. Assim, podem apresentar-se como meio para uma ação sobre as causas destas exigências. Tais ações implicam organização ou redefinição dos mesmos, de conformidade com a consciência que se vai formulando sobre os problemas e suas implicações. Por certo, é importante considerar que os serviços sociais que fazem a política social não se definem simplesmente como concessões do Estado, mas, sobretudo, como produto das lutas ou expectativas de lutas geradas pelas camadas populares. A questão dos serviços sociais como meio de atingir a problemática causal das situações imediatas passa pelo exame das determinações que implicaram seu surgimento, o que por certo apontará alguns elementos de lutas ou expectativas de lutas dessa população. É nesse sentido que as definições e redefinições da política social podem ser trabalhadas em função dos interesses e objetivos fundamentais da população usuária.

A redefinição das diretrizes da política social e a sua operacionalização sob forma de reflexão-ação implicam que se assumam atitudes profissionais apropriadas ao nível de conhecimento e habilidades. Entre estas pode-se considerar as, seguintes:

1. apreender e interpretar a significação social da política social dirigida à área comunitária. Apreender também as implicações de suas contínuas alterações face às preocupações e interesses da população usuária e suas potencialidades de enfrentamentos;
2. desencadear processos educativos com a comunidade tomando por base as oportunidades de relações comunitárias oferecidas pela implantação dos projetos institucionais na área,

tendo na realização desses planos um meio eficaz de refletir com a população as condições causais dos seus problemas cotidianos, assim como a descoberta do que fazer ante eles;

3. descobrir processos educativos capazes de ajudar a comunidade a refletir sobre a realidade da política social de que está usufruindo, descobrindo os limites e implicações dessa política, assim como outros níveis possíveis de participação nela;

4. conduzir o processo pedagógico de modo que a população chegue a conquistar espaços de participação nos serviços públicos, assumindo ao mesmo tempo atitude crítica perante eles, o que ajudará a evitar a criação de atitudes de cooptação;

5. conduzir o processo pedagógico de modo a ampliar a participação popular, menos a partir de tentativas de unificar visões e mais a partir de atividades formuladas, avaliadas e encaminhadas com as diferentes bases de experiência popular.

4. Operacionalização da prática do DC como meio para fortalecer os movimentos sociais

Esta atribuição implica a identificação dos elementos do DC presentes no movimento social, orientando pedagogicamente, de modo a que este processo metodológico seja instrumento para a consolidação dos objetivos de participação e transformação social existentes no referido movimento e, ao mesmo tempo, de modo que este seja também um elemento de DC.

São os movimentos sociais urbanos os que mais decisivamente atuam a partir da problemática coletiva das áreas de moradia. Os diversos movimentos, em si, no entanto, guardam algumas características comuns, sobretudo no que diz respeito às contradições sociais. Os movimentos sociais são gerados sempre nas situações antagônicas em que se colocam as classes sociais. Se esses movimentos, por um lado, têm significado uma forma de presença das camadas populares no cenário político nacional, por outro lado, muitas vezes se revestem de muitos limites e ambiguidades. Qualquer que seja a circunstância em que suas manifestações se apresentem, eles influem no processo de desenvolvimento comunitário e, por sua vez, este influi no desenrolar dos referidos movimentos.

A ação do profissional, a partir dos movimentos sociais, implica que ele deve ter os seguintes conhecimentos e habilidades:

1. identificar os objetivos aparentes e os mais fundamentais que conduzem o movimento, assim como as forças internas e externas nele presentes;
2. desencadear, através do processo educativo de relação comunitária ou relação do profissional com a comunidade, o processo de reflexão da sua significação social para a população, assim como a reflexão quanto aos meios de redefinição de suas estratégias, com vistas a uma participação crescente desta população;
3. assessorar a comunidade nas reflexões quanto às relações contrárias e adversas de outros grupos sociais que se fazem presentes ao movimento;
4. conduzir o processo educativo de relações com a comunidade, de modo a estimular a participação das parcelas desorganizadas e excluídas do movimento, apesar de possuírem interesses comuns;
5. conduzir o processo educativo, de modo a estimular a população na descoberta e articulação das metas imediatas de suas reivindicações com outras metas igualmente importantes e, principalmente, com aquelas mais diretamente relacionadas aos seus interesses e necessidades fundamentais;
6. conduzir o processo pedagógico, de modo que os canais de articulação da população se sustentem e se ampliem.

CAPÍTULO IX

Questões gerais da operacionalização da prática

As atribuições apresentadas têm, sobretudo, dimensão operacional e é nessa dimensão que algumas questões gerais precisam ser discutidas.

Uma questão, por exemplo, que é atual, mas que se torna antiga para muitos profissionais, é a da viabilidade de uma ação que responda aos interesses da população usuária da prática do DC quando esta prática é veiculada através das instituições do setor público. Como tal, esta questão requer exame.

1. DC e instituições do setor público

A questão do DC como prática veiculada pelas instituições do setor público sugere uma retomada das discussões já apresentadas no capítulo sobre movimentos sociais e política social.

Não se pode ignorar que, embora o Estado articule o próprio desenvolvimento capitalista, não é acionado tão somente por forças do capital. O Estado e as instituições têm sua dinâmica acionada de acordo com a correlação de forças existente na sociedade civil. Nesse sentido, pensar as instituições do setor público é pensar a própria dinâmica da conjuntura social. Claro que, quanto mais as camadas populares exercitam a prática da participação em sua realidade cotidiana, mais a sua força se vai refletir na dinâmica da conjuntura social e, por conseguinte, na dinâmica das decisões e funcionamento do Estado e das instituições. Esse exercício inclui a própria forma de relação dessa população com as instituições que fazem parte dessa realidade cotidiana.

Não se pode, de antemão, concluir que uma instituição impossibilita ações que possam responder às necessidades das camadas populares por ser do setor público. Como não se pode dizer que uma instituição atende às necessidades das camadas populares simplesmente pelo fato de não ser do setor público. Só uma análise da conjuntura da instituição e das relações instituição/clientela poderá dar indicações sobre essa realidade. Esta análise deve ser contínua, uma vez que a conjuntura por vezes se altera com muita velocidade. A própria prática dos agentes da instituição pode fazer com que a conjuntura existente se altere. Afinal de contas, a instituição não é uma realidade abstrata, mas concreta, que se representa também através da prática dos seus agentes.

Trabalhar os interesses e preocupações da população usuária do DC é trabalhar a realidade da correlação de forças na qual estes interesses e preocupações estão implicados. Esta realidade se manifesta no dia a dia, não simplesmente nas relações entre indivíduos e grupos presentes à comunidade; mas, sobretudo, nas relações comunidade/instituição.

Ante a referida realidade, o que se espera do profissional é competência na sua análise e compreensão também das estratégias pedagógicas de seu enfrentamento. Estas estratégias se traduzem, sobretudo, em processos de ultrapassagem de um pensar individual a um pensar coletivo; de um agir individual para um agir coletivo sobre os interesses e preocupações da população comunitária. Cabe ao profissional estimular e agir para que esse processo se desenvolva. Sobre a realidade comunitária e institucional, o profissional precisa estar alertado para muitas questões comumente existentes.

Na análise das forças internas e externas, por exemplo, não se pode tomar como surpresa a complexidade das relações sociais que fazem o cotidiano. Mesmo entre subgrupos de uma mesma classe social encontram-se forças não aliadas. Esta realidade contraditória existe, no entanto, como resultado da ação cooptadora de uma classe sobre a outra. O jogo das forças de cooptação dos grupos dominantes atua nos mais diversos níveis. As próprias instituições sociais muitas vezes atuam nesse sentido. Além dessa ação, há ainda níveis mais simples de cooptação, como o apadrinhamento pessoal e a troca de favores, que resultam em compromissos e alianças estranhas aos interesses e preocupações fundamentais de muitos agentes sociais, que passam a agir contrariamente ao seu próprio grupo social.

Este tipo de realidade não aparece simplesmente no âmbito das ações desenvolvidas pelo setor público. Os movimentos sociais estão cheios de desvios e atropelamentos exatamente por conta desses processos contrários. Eles fazem parte da própria dinâmica da correlação de forças existente na sociedade e se manifestam dessa maneira no cotidiano das populações.

Pensar a realidade e a significação social da prática do DC é um avanço ante algumas tendências que a definem como um conjunto de instrumentos e técnicas a serem desenvolvidas sem consideração para com a realidade social objeto desta prática.

Não se pode, no entanto, cair numa tendência contrária, que é da análise e reflexão da conjuntura da realidade desligada de uma proposta de intervenção e ação.

Herbert José de Souza apresenta algumas categorias para análise da conjuntura. Claro que essas categorias servem também para analisar a conjuntura institucional e a conjuntura das relações comunidade/instituição. Ele observa que cada uma dessas categorias merece um tratamento à parte, embora, no conjunto, pudessem ser estudadas como elementos de representação da vida.

As categorias destacadas são as seguintes:
- acontecimentos;
- cenários;
- atores;
- relação de forças;
- articulação (relação) entre "estrutura" e "conjuntura" (Souza, 1984).

A importância da análise de conjuntura está no que pode identificar como saída para a transformação da realidade, o que implica apreender as relações conjuntura/estrutura.

A ordenação da realidade social sem a apreensão das suas condições determinantes termina por não responder à própria realidade da dinâmica social geradora das formas que configuram essa ordenação. A análise de conjuntura supõe, portanto, a análise da sua determinação estrutural. Analisar a conjuntura não se reduz, portanto, à ordenação de um conjunto de acontecimentos e relacioná-los obtendo uma visão geral do todo no qual está inserido a comunidade. Aliás, uma análise dessa natureza, como diz Herbert de Souza, é reacionária e assume grande importância na reprodução da sociedade.

Uma análise de conjuntura comprometida com as camadas populares é uma análise que busca o novo, ou saídas possíveis para a transformação da realidade social. As forças sociais que se fazem presentes hoje a dada realidade estão continuamente refazendo suas alianças. Nesse sentido, o que foi colocado ontem como dificuldades da prática profissional nas instituições do setor público pode não ser mais a dificuldade de hoje. Por outro lado, o movimento de reprodução das relações sociais que nelas se manifesta é também gerador de elementos que implicam novas relações. É levando em conta essa realidade que o profissional nas instituições do setor público, através da contínua reflexão e ação que desenvolve, vai encontrar sempre possibilidades de uma prática capaz de responder às preocupações fundamentais da população usuária. A depender da dinâmica conjuntural, estas possibilidades em alguns momentos se restringem, já em outros se ampliam.

A conjuntura é um conjunto de fatos e circunstâncias que representam a realidade social. A questão que se coloca é que estes fatos e circunstâncias se representam em sua forma aparente, nem sempre levando em conta as suas relações e conexões. A necessidade de uma análise de conjuntura vem da importância de ordenação dos fatos e circunstâncias de modo a que a realidade social se represente em suas relações e conexões sem desprezar as condições causais. É nesse sentido que Herbert de Souza chama a atenção para as relações conjuntura/estrutura; para as determinações sócio-históricas presentes às manifestações da conjuntura atente-se para o que ele diz:

> A questão aqui é que os acontecimentos, a ação desenvolvida pelos atores sociais, gerando uma situação, definindo uma conjuntura, não se dão no vazio: eles têm relação com a história, com o passado, com relações sociais, econômicas e políticas estabelecidas ao longo de um processo mais longo (Souza, 1984, p. 14).

Nas ações desenvolvidas através das instituições do setor público deve-se considerar outras implicações presentes também nas práticas desenvolvidas em instituições populares.

As dificuldades de uma prática voltada para os interesses e preocupações das camadas populares não se restringem aos elementos de controle e disciplina do setor público. Daí que a preocupação maior deve ser a de saber as possibilidades reais de tal prática, considerando o jogo contrário das inúmeras forças que se fazem presentes às áreas de moradia. Saber essa possibilidade implica saber também a dinâmica da realidade contrária.

A dinâmica de desmobilização, por exemplo, observada em algumas áreas, apresenta características comuns: entre os agentes de desmobilização, há predominância daqueles que, de uma ou outra forma, se tornaram popularmente conhecidos. Os meios de comunicação são veículos de popularidade para muitas pessoas e

grupos sociais. A dinâmica do refreamento, em geral, obedece ao seguinte esquema:
- a presença física do agente desmobilizador na área de moradia é, em geral, o primeiro momento da ação desmobilizadora;
- a utilização de informes, dados e justificativas buscados no setor público para as conversas com a população é outro dado percebido nas estratégias de desmobilização;
- o estabelecimento de relações com a população de modo a confirmar as lideranças do movimento;
- o estabelecimento de relações diretas de amizade com as lideranças da área e o oferecimento de algum recurso relevante, como emprego, casa própria etc., de modo a atrair os motivos pessoais e trair os motivos coletivos;
- uma vez beneficiadas, as lideranças assumem o compromisso de deixarem a movimentação que lideram;
- nos casos conhecidos, a população, em geral sem grande exercício de luta, se desmobiliza.

Nesses movimentos de forças contrárias, no entanto, existe sempre algum elemento novo, gerador de forças favoráveis às camadas populares. Aliás, é sempre em função da apreensão desse elemento novo que se torna importante a análise de conjuntura.

Diante da perspectiva de busca do *novo* nas situações contraditórias criadas pela própria dinâmica da reprodução, alguns aspectos podem ser considerados:
- no confronto de forças em que se tornam dominantes as forças de cooptação, alguns grupos de fato se deixam atrair, mas outros simplesmente se retraem; numa ou noutra oportunidade, considerada capaz de segurança e confiança, esses grupos apresentam reflexões profundas e objetivas sobre a própria realidade vivenciada, significando que a ação de cooptação gerou também situações contrárias;
- um outro aspecto a considerar é que o material da cooptação, ou seja, os benefícios oferecidos, são seletivos e, quando atingem

um grupo maior, em pouco tempo se esgotam. Tanto numa como noutra situação, criam-se condições de insatisfação que geram novas possibilidades de pensar e agir criticamente;

— consideram-se, ainda, os contrapoderes que vão sendo Bestados pela população no dia a dia e que vão sendo postos em prática no sentido também de cooptar as forças contrárias. Nas instituições este processo se apresenta, sobretudo, nas tentativas de quebra dos valores de normatização, disciplina e hierarquia.

As situações particulares em que estes aspectos se manifestam dão também a particularidade do *novo*, que deve ser considerado como elemento a orientar o processo de trabalho em desenvolvimento.

Além dos processos de desmobilização e cooptação presentes nas áreas de moradia, deve-se considerar outros processos semelhantes, que partem, no entanto, de instituições ditas populares:

1. a ação de algumas instituições ditas populares que vão à área em busca de adeptos para os seus objetivos; muitas delas passam por cima da realidade cotidiana da população, tentando impor seus objetivos, dividindo a população em questões secundárias e aparentes e dificultando a própria organização social da população;

2. a ação de integrantes da área que, em função dos seus interesses pessoais, assumem a liderança da comunidade, agindo como se fossem proprietários, definindo eles próprios o que é bom e o que é mau e não permitindo a interferência de outros agentes nas decisões tomadas, a não ser que venham em seu favor.

Estas são situações conjunturais comuns existentes nas áreas de moradia e que, como tais, não devem surpreender o profissional. Antes, devem ser tomadas como elementos de reflexão, uma vez que, em cada área, apresentam sempre uma peculiaridade própria. É nesse sentido que uma questão aparentemente simples para muitos profissionais torna-se complexa, como deflagrar os primeiros contatos com a comunidade. Esta é uma questão que aflige sobretudo os iniciantes, mas, de fato, é questão complexa para todos os que pretendem um trabalho comprometido com a realidade da população usuária da prática do DC.

Toda e qualquer prática profissional comprometida com as camadas populares deixa bem claro que o jogo das forças contrárias aos interesses da população majoritária não é tão somente um fenômeno presente às instituições. O que ocorre é que nas instituições elas se expressam de forma mais clara e objetiva. Isto tem a ver com a própria natureza das instituições sociais, cujo objetivo é o controle social. Não se pode, no entanto, de antemão, caracterizar todas as instituições como que prontamente predeterminadas a funcionarem com o mesmo esquema de forças. É possível que algumas, em dado momento histórico, compactuem com alguns interesses e preocupações da população e seja esse um momento de avanço para as camadas populares. Deve-se considerar também que a ação dos movimentos populares não exclui por completo a ação das instituições. As reivindicações desses movimentos passam pelas instituições. Assim em vez do dogmatismo, contrário às ações das instituições públicas, o que se tem a fazer é compreender a realidade conjuntural da própria prática do DC, isto é, a realidade das instituições que patrocinam a ação do profissional, a realidade da comunidade e a própria realidade social onde esta se situa.

2. Os primeiros contatos com a comunidade

Como entrar na área, para um profissional comprometido com as preocupações e interesses comunitários, é sempre uma dificuldade, seja para aqueles que vão através do setor público ou de uma ou outra forma de iniciativa do setor privado. Em uma ou em outra situação, a ação inicial do técnico é conhecer e tornar-se conhecido pela população.

Em princípio, aqueles profissionais que vão à comunidade como mandatários do setor público, e sem nenhum compromisso com os usuários de sua pratica, pouca ou nenhuma dificuldade têm de penetração na área.

Quando o profissional se apresenta à população como emissário de uma instituição, já garante o seu poder, mesmo sem demonstração de competência. É com este poder que muitos profissionais permanecem por longos períodos em determinadas áreas; *é através dele que muitos conseguem controlar, impor e decidir sobre determinadas situações.* Este tipo de ação na área é fácil e, por isso, consegue grande número de adeptos entre os profissionais. Estes, na verdade, reduzem sua prática ao exercício de certos rituais autoritários e burocráticos perante a população. Não é em relação a estes profissionais que consideramos difícil a penetração na área.

O profissional do setor público pode ter uma perspectiva de alianças com a população usuária da sua prática. Isto exige disposição para uma prática que muitas vezes tem de ser pensada, definida e redefinida. O próprio modo de abordar a população já assume características diferentes (ver características gerais da técnica de abordagem).

Como profissional do setor público, em geral chega-se à área com programas e projetos a realizar, ou sem uma predeterminação quanto a programas concretos, mas com um conjunto de intenções definido. Ante uma ou outra situação, o profissional que busca uma ação comprometida com os interesses fundamentais de sua população usuária assume a instituição como uma alternativa possível de relacionar-se profissionalmente com a população. A própria existência de um programa ou projeto a ser realizado pelo profissional é pensada como meio de iniciar e desenvolver o processo de descobrimento e enfrentamento dos interesses mais fundamentais da população.

Pode-se tomar um ou outro desses programas para exemplificar como iniciar uma ação a partir de um programa predeterminado, o que não significa necessariamente ser contra os interesses das camadas populares.

A implantação de creches, por exemplo, como elemento de um programa institucional, pode ser meio de relacionamento inicial com determinado segmento populacional na comunidade. O processo educativo que se pode implementar nesse relacionamento pode ser meio de reflexão das preocupações familiares que se colocam em termos de motivos que justificam uma creche. A partir da creche, os problemas de desgaste físico e mental da população trabalhadora podem ser pensados, os problemas de cidadania e tantos outros que se possam constituir como preocupação da população podem ser refletidos numa perspectiva de maior compreensão dos elementos envolvidos, assim como uma perspectiva do que fazer ante os mesmos.

Não se deve perder de vista, no entanto, que as injunções institucionais algumas vezes impedem o processo pedagógico. Cabe, no entanto, ao profissional, junto com aqueles envolvidos no processo pedagógico, tentar descobrir novos caminhos de enfrentamento. O fato de se considerar que a realização do processo pedagógico do DC através das instituições do setor público em geral tem limites não significa que, fora dessas instituições, este processo encontre campo aberto à sua implementação.

É importante considerar que, de fato, alguns programas vindos do setor público têm natureza contrária à população a que se destinam. Ante esta realidade, o profissional une-se à população para, conjuntamente, trabalhar as críticas e enfrentamentos que devem ser feitos ao programa. Esta operação supõe a mobilização e articulação comunitária para assegurar as decisões a serem tomadas.

Sobre como deflagrar os primeiros contatos com a população, deve-se considerar que, tradicionalmente, essa questão não existia, uma vez que o comando das ações estava sempre ligado aos líderes formais e tradicionais da área. Nesse sentido, o profissional já sabia o que tinha a fazer; procurar identificá-los e, de certo modo, ser guiado por eles em seu relacionamento inicial na área. Neste relacionamento, aos poucos estabelecia-se toda uma série de compromissos que levava o profissional a colocar-se a serviço dos grupos a que pertenciam esses líderes, os quais nem sempre se identificavam com os usuários principais da prática.

O reconhecimento crítico dessa realidade faz com que os primeiros contatos com a população deixem de ser esse ato simples de apresentar-se às lideranças locais.

Os líderes formais e os tradicionais da comunidade precisam ser reconhecidos e envolvidos em alguns elementos do processo de DC, pois uma situação contrária poderia fazer com que estes impedissem o seu desenvolvimento. Nesse reconhecimento, um aspecto importante a considerar é que, de fato, a liderança é um processo que se desenvolve a partir de grupos determinados. O agir através de grupos terá como consequência o aparecimento de fenômenos de liderança. O desenvolvimento desses grupos na organização social e a sua ampliação, enquanto representação e repercussão participativa e, como tal, a nível de organização coletiva, é que definirá a relação mais profunda a ser mantida com esses líderes. A identificação dos diversos grupos sociais de base já existentes na comunidade e o desenrolar de ações através daqueles que de uma ou outra forma respondem a interesses coletivos é forma de relacionamento profissional com a comunidade. Leve-se em conta nesses grupos o modo como sua prática é encaminhada. Nesse modo de conduzir pode-se apreender o exercício da participação ou as possibilidades de estimulá-lo.

Os contatos iniciais com a área, quando as relações não são intermediadas por uma instituição ou por um programa predeterminado, podem ser favorecidos por diversas formas:

- Os contatos iniciais com a área podem ser desencadeados de maneira informal, percorrendo-se a área, buscando-se aproximação com aqueles locais que normalmente tendem a aglomerar pessoas, tendo-se presentes, no entanto, alguns elementos próprios de abordagem, por exemplo: como as pessoas vivem aqui? Quais as dificuldades? Como se relacionam?

Observações:

— a existência de um processo anterior de coleta de informes e documentação já existentes sobre a área é importante porque ajuda a formular questões de abordagem mais apropriadas à mesma;

— a existência de um projeto específico a realizar supõe também que as questões iniciais de abordagem e relacionamento com a população assumam as características e peculiaridades do projeto;

— pode-se também desencadear os primeiros contatos com a área dirigindo-se diretamente a grupos locais, cujo conhecimento se pode obter trabalhando os informes já existentes ou colhendo informações verbais sobre a mesma.

É bom considerar que os grupos, sobretudo de base, fazem a força maior da comunidade. E é por isso que uma ação comunitária supõe articulação entre os grupos de base. Eles precisam ser identificados e estimulados, podendo-se chegar com eles aos interesses e preocupações fundamentais da população comunitária. Seja nas ações comprometidas popularmente e que se desenvolvem através dos movimentos populares e/ou naquelas a partir do setor público, esses grupos são importantes como ponto de apoio inicial, aliança, reflexão e enfrentamento.

- Os contatos iniciais com a população da área podem ainda ser iniciados a partir de um acontecimento na área que se torna público e que, como tal, atrai a atenção e a presença de agentes externos. Exemplo: casos de enchente, desapropriações, invasões etc. A discussão informal com a população sobre o acontecimento — os grupos envolvidos, as posições tomadas, as causas principais e secundárias — é uma maneira de relacionamento inicial e também de percepção de elementos importantes à compreensão da realidade social da área.

- Outra forma de contatos iniciais é o relacionamento com elementos ou pequenos grupos já conhecidos, empenhados em estimular o desenvolvimento de uma ação participativa na área. A discussão de pontos comuns de ação e de formas de enfrentamento torna-se o elemento básico do processo de discussão presente ao relacionamento deflagrado.

Cada contexto, cada área pode sugerir um modo próprio de relacionamento inicial com a população. Nesse sentido, os exemplos apresentados devem servir sobretudo de elementos de reflexão que ajudem a gerar o modo próprio de relacionamento inicial requerido pela realidade da área.

A discussão das questões apresentadas é uma discussão instrumentalizadora e, ao mesmo tempo, prepara uma discussão maior sobre o processo técnico metodológico do DC.

CAPÍTULO X

O processo metodológico do DC

O processo metodológico do DC se expressa pela definição de meios e instrumentos de ação a partir das seguintes condições: peculiaridades próprias da realidade de trabalho; objetivos a serem alcançados; relações pedagógicas entre o profissional e a população. As maneiras habilidosas de se empregar instrumentos e técnicas não podem, isoladamente, por conseguinte, ser confundidos ou identificadas como metodologia do DC.

A *comunidade* é a realidade imediata a ser trabalhada; já o *desenvolvimento* é o objetivo a ser alcançado através da transformação dessa realidade. A comunidade particulariza aspectos determinados da realidade social e, nesse sentido, o desenvolvimento comunitário é um desenvolvimento que se particulariza por meio das peculiaridades próprias de uma determinada área social e geográfica. Por conseguinte não pode existir o desenvolvimento comunitário como um produto isolado do contexto social mais amplo. A própria compreensão da problemática comunitária implica a compreensão das relações da comunidade com esse contexto, levando em conta toda essa complexidade que se coloca a metodologia do DC. A maneira habilidosa de usar e empregar instrumentos e técnicas, sem a compreensão dessa dinâmica e de suas perspectivas de transformação, se traduz mais como exercício de ativismo do que como estratégias de mudanças e transformação.

A metodologia do DC implica uma dimensão teórica e uma dimensão técnica, ambas interdependentes. Nessas duas dimensões, faz-se presente uma terceira, que é a política.

A dimensão política do DC tem como base a própria dinâmica estrutural da sociedade. A pluralidade e desigualdade social implicam objetivos sociais diversos e mesmo antagônicos. Perante essa realidade é que toda e qualquer ação social tem dimensão política. A prática do DC não é neutra. Consciente ou inconscientemente, o profissional está produzindo ou reforçando um conjunto de relações.

É sobretudo por essa dimensão política, que a sua metodologia não deve ser identificada como simples esquema lógico de operações a realizar.

A metodologia do DC é um conjunto de processos pedagógicos e meios técnicos definidos a partir da realidade comunitária e dos seus objetivos de transformação social. Os referidos processos e meios expressam a relação pedagógica de troca e cooperação que se estabelece entre o profissional e a população comunitária em função de objetivos que vão sendo estabelecidos pela comunidade.

1. Processos pedagógicos e diretrizes de ação

A metodologia do DC é sobretudo um conjunto de processos de descobrimento da realidade comunitária e dos meios de enfrentamento para que essa realidade passe a ser transformada. Nesse sentido, em vez de esquema formal, predeterminado, de ação, tem-se um conjunto de diretrizes que funcionam como elemento de reflexão da realidade comunitária e das relações a serem aí desenvolvidas, assim como dos seus enfrentamentos.

Cada contexto, cada grupo em particular ou segmento populacional situado exige uma forma própria de trabalho que depende do grau de desenvolvimento sócio-histórico em que se encontra. Isso não significa cair no extremo oposto aos esquemas formais preestabelecidos de ação, isto é, cair no espontaneísmo nas ações ao sabor das predisposições e intenções pessoais de cada profissional.

A prática tem revelado que alguns princípios são básicos ao desencadear e desenvolver os processos pedagógicos voltados para a perspectiva possível de transformação comunitária. Eles, no entanto, são também alvo de análise e redefinição.

Questão fundamental ao DC é o descobrimento dos meios para romper com os bloqueios que impedem ou dificultam que os segmentos majoritários da população participem na definição, gestão e usufruto das condições de progresso social que atingem as áreas de moradia. Como esses bloqueios em geral são gerados fora dessas áreas, tem-se de buscar também meios de articulação com outros enfrentamentos próprios desta população que independem das situações comuns de moradia.

A área de moradia representa um dos ângulos da realidade existencial da população. Em face dela, a ação do DC supõe articulações com outras propostas de ações convergentes.

O progresso das Ciências Sociais em suas relações com as práticas comunitárias em desenvolvimento indica algumas diretrizes metodológicas para o DC. Essas diretrizes são desafios necessários a um avançar contínuo na descoberta de novos caminhos. Funcionam como um conjunto de princípios que ajudam a articular as ações pedagógicas que vão se desencadeando a partir das relações do profissional com a população.

1.1 Partir da realidade concreta em que se encontra a população

A realidade concreta é a realidade das condições de consumo e produção em que se situa a população comunitária e da sua consciência e atitudes ante tais condições. Esta realidade não se explica por si mesma, mas, sobretudo, por suas condições histórico-estruturais. Nesse sentido, a aparência dos fatos significa mais um indicativo na caminhada do descobrimento desta realidade. Esta diretriz implica a valorização do conhecimento sócio-histórico das condições existenciais da população comunitária. Ressalta-se, nesse conhecimento das condições existenciais da população, a contribuição desta na produção da sociedade, o modo como participa da distribuição e destinação dos bens produzidos e os problemas decorrentes dessa realidade. Como a organização social é condição básica de enfrentamento, partir de onde a comunidade está significa partir da visão de mundo que a população tem sobre a sua realidade, assim como dos meios de enfrentamentos já experienciados, destacando-se aí a organização social vivida.

1.2 Definir e redefinir coletivamente os objetivos que se tem a alcançar a partir da realidade concreta que se vai conhecendo e analisando

A realidade concreta em que se encontra a população traz, embutidos em si mesma, interesses e objetivos próprios, expressos a partir de determinações sócio-históricas que são também próprias. Essas explicações não comportam justificativas alheias a esta realidade e, por isso, a definição de objetivos é um processo a ser desenvolvido pela população comunitária. O profissional, no entanto, pode contribuir para essa definição por meio do processo educativo de descobrimento da realidade que se dá, geralmente, pelo diálogo, troca de conhecimento e reflexão com essa população. Se não se tem uma perspectiva clara do que se pretende alcançar em uma dimensão mais global e remota, dificilmente se poderá traduzir os objetivos específicos presentes a dada realidade. A realização de uma ação ou de atividade qualquer, sem que se tenha presente o seu significado no processo mais geral das ações de desenvolvimento, significa não ter clareza de objetivos. Tende, portanto, a reduzir-se ao ativismo.

A existência de objetivos mais gerais é condição básica, inclusive, para que as reflexões e as ações desenvolvidas não se percam em fragmentos de ações e reflexões do imediato pelo imediato.

1.3 Identificar coletivamente o eixo central da prática do processo pedagógico tendo em vista articular os conteúdos parciais das práticas e reflexões que vão sendo desenvolvidas pelos diversos grupos da comunidade

A identificação de um eixo central de prática tem por objetivo levar os processos cotidianos de ação/reflexão a se centrarem na problemática básica da população. A descoberta desse eixo central é, sobretudo, um processo de descobrimento das questões e relações básicas da comunidade, que se inicia a partir de um universo próprio de comunicação profissional/população, de acordo com os códigos formais e informais existentes aí. A identificação desse eixo ajuda a ordenar as ações e reflexões de modo a não fragmentá-las e facilita as avaliações a serem desenvolvidas. A prática do dia a dia está referida a situações particulares de uma realidade que é global. É nesse sentido que sempre há tendências muito comuns de persistir nas particularidades, deixando de lado as suas interdependências e implicações com a totalidade.

Como tal, o eixo central de prática e reflexão tem característica aglutinadora, a partir das particularidades de comunidade, assume as perspectivas econômicas, políticas e culturais presentes a toda realidade social.

A contribuição maior do profissional está no desencadear desse processo de relações das particularidades comunitárias com a dinâmica social global.

1.4 Definir e avaliar continuamente a qualidade das relações que se estabelecem entre o profissional e a população, garantindo assim o processo de cooperação que deve existir entre ambos

Com a concepção que se tem do DC, a definição dos seus objetivos requer que as relações pedagógicas que fazem a sua prática se caracterizem por um processo de troca e cooperação no descobrimento da realidade e de suas condições de enfrentamento. As relações profissional/população, em suas diferentes manifestações, têm, portanto, de ser continuamente avaliadas, para que novas posições sejam assumidas. As relações pedagógicas, apesar de consagradas como relações não autoritárias, sempre tendem a cair em dois extremos. Por vezes, o profissional assume uma postura *populista*, considerando que tudo que parte do povo é bom, certo, cabendo a ele tão somente atuar quando solicitado. Com essa postura, o autoritarismo se inverte — não é o profissional que manda no povo, mas o povo que manda no profissional. Outra postura, que apesar de criticar o autoritarismo tende a reforçá-lo, é a *vanguardista*. Nesta, o profissional sente-se no dever e obrigação de conduzir os passos da população informando-a sobre o que fazer, instruindo suas opiniões etc. Mais uma vez o autoritarismo é privilegiado. A qualidade das relações, que se supõem definidas ou redefinidas em função da participação popular é a da *cooperação*. A cooperação supõe processo contínuo de troca, em que profissional e população se tornam, ao mesmo tempo, educando e educador. O profissional estimula o processo de descobrimento da realidade comunitária, suas relações, correlações, para que os enfrentamentos sejam pensados e acionados, através de posições comuns, levando em conta a dimensão de globalidade dessa realidade.

1.5 Estimular de forma crescente e contínua a articulação e autonomia da organização comunitária

A problemática básica do DC tem a ver com a força social representada pela população e o elemento substantivo desta força é a organização. Quanto maior a fragmentação da população, menor é sua força social e maior também a sua dependência e submissão. A organização é o elemento básico de poder de uma população; supõe consciência da realidade social existente e das suas possíveis implicações numa dimensão de confronto. Nesse sentido, a organização social é condição básica de participação e desenvolvimento. Não se pode deixar de reconhecer que as interferências políticas e ideológicas que se fazem presentes à comunidade tentam atingir sobretudo as organizações populares. Funcionam, em geral, como força contrária à organização. A valorização do caráter formal e burocrático como identidade maior de uma organização é indicativo do seu desvalor enquanto força social. A articulação com outras organizações que tenham a mesma direção de objetivos, a avaliação contínua, a redefinição de estratégias diante das contínuas redefinições do contexto social significam garantia de autonomia da organização comunitária.

2. Operações metodológicas do DC

Como já foi dito, quem tem o princípio descobre o método. As diretrizes apresentadas têm o sentido de princípios operacionais. No entanto, como a pretensão é ajudar, sobretudo, aos iniciantes, considera-se importante a discussão mais pormenorizada de algumas operações metodológicas. As diretrizes metodológicas se concretizam através de operações que conduzem o processo educativo e se desenvolvem de acordo com as exigências próprias de cada área, ou seja, da população comunitária.

Historicamente, a prática metodológica do DC veio a caracterizar-se pelo desenrolar de estratégias formais de ação. A delimitação da comunidade era um processo que envolvia várias operações técnicas, de certo modo demoradas. Mais demoradas ainda eram as operações de estudo e diagnóstico da área. Algumas vezes, chegava-se a contratar os serviços de equipes técnicas de pesquisa para que desenvolvessem a fase de estudo, devendo entregar à instituição interessada o relatório diagnóstico deste estudo com indicativos das ações a serem desenvolvidas. Com os indicativos destas ações, outros técnicos chegavam à área para providenciar os meios de execução. Somente neste momento a população era convidada a participar das ações.

Nessa prática metodológica de estratégias formais, a comunidade é, sobretudo, objeto do estudo, das decisões e ações do profissional e da instituição. Muitos destes estudos e decisões se realizam em gabinetes tomando como base informes secundários sobre a realidade a ser trabalhada.

Na perspectiva em discussão, a quantificação de dados e de resultados é um elemento primordial e, nesse sentido, a solução de problemas apresentados ou levados à comunidade, torna-se o fio condutor das ações.

Na perspectiva metodológica apresentada, apesar de ainda dominante tanto no ensino quanto na prática, sempre houve inúmeras contradições oriundas dos próprios interesses e preocupações da população comunitária, nem sempre traduzidas nos projetos e programas levados à comunidade; oriundas ainda das ideias de compromisso de alguns profissionais com as necessidades fundamentais dessa população etc. O desenvolvimento das Ciências Sociais na América Latina veio dar condições para que tais interesses e preocupações e tais ideias de compromisso passassem a ser tratados de acordo com as explicações próprias de sua realidade. Com este avanço, a perspectiva política do DC se torna explícita e as suas formulações metodológicas passam a ter um caráter mais objetivo ante a dinâmica da sociedade.

A expectativa é a de um processo de trabalho que tem como objeto os bloqueios que impedem a realização dos interesses e objetivos coletivos da população comunitária; e como o objetivo é o enfrentamento desses problemas com a população, o que se tem em vista é a realização crescente das ideias de cidadania e democracia. Em função desses objetivos e expectativas é que as práticas do DC contam em geral com as seguintes operações metodológicas:

2.1 *Identificação dos interesses e preocupações da população comunitária.*

2.2 *Análise dos interesses e preocupações e de suas condições de enfrentamento.*

2.3 *Organização da população e planejamento das ações.*

2.4 *Desenvolvimento, avaliação e ampliação das condições de organização e ação.*

Essas operações metodológicas supõem as diversas diretrizes já apresentadas; supõem, portanto, uma relação pedagógica na qual profissional e população se tornem alvo do processo de participação e desenvolvimento. Nessa relação, o *profissional* entra com sua competência na análise e interpretação da realidade social e de processos técnicos que contribuem para o descobrimento e enfrentamento da realidade; e a *população*, com seus conhecimentos e vivências de situações particulares e imediatas que dizem respeito a sua realidade específica. Como tal, produzem um processo novo de conhecimento, interpretação e enfrentamento da realidade. Se não há nada de novo para a população nem para o profissional, é sinal que o processo pedagógico está traindo o seu objetivo, a sua perspectiva de transformação. A relação pedagógica não é simplesmente uma relação qualquer entre o profissional e a população, mas aquela relação em que o profissional ajuda a população a encontrar a significação real das situações imediatas e mediatas que se apresentam em seu cotidiano pelo descobrimento dos seus condicionamentos sócio-históricos e, como tal, pelo descobrimento das relações e inter-relações com a realidade social global. Ajuda também a descobrir os enfrentamentos necessários. Já a população ajuda o profissional a deixar os seus conceitos abstratos e penetrar na realidade concreta a partir das situações específicas vividas; ajuda o profissional a pensar a concretização das suas diretrizes de trabalho e efetivação concreta das operações metodológicas.

As operações metodológicas são, principalmente, um processo de desafio, do profissional e da população, que implicam conscientização, organização e capacitação, ou o processo pedagógico da participação em sua globalidade. Cada uma das operações metodológicas carrega em seu bojo a responsabilidade de fazer avançar o processo de participação que, em si, é desenvolvimento. Uma das dificuldades maiores a impedir este avançar são os mecanismos políticos e ideológicos que se criam na sociedade em função da reprodução social.

Muitos dos mecanismos políticos e ideológicos existentes na sociedade tendem a levar os segmentos majoritários da população a uma postura de alienação quanto a sua própria realidade. Uma das formas de expressão dessa postura é o assumir-se como incapazes e ignorantes entregando-se com isso à submissão. Ante os mecanismos de alienação que sufocam ou tentam sufocar o ser criador do homem, também o processo de participação é bloqueado. Esta realidade passa a requerer, por conseguinte, mecanismos pedagógicos e alianças de compromisso que ajudem a população a desvendar a realidade objetiva e enfrentá-la.

Resgatar esse processo é o desafio que se faz ao DC. Há uma tendência comum do profissional, ao defrontar-se com os bloqueios políticos e ideológicos que nas comunidades assumem as mais diversas formas de expressão: tentar ausentar-se das mesmas, ou fugir desses problemas entregando-se a atividades corriqueiras sem nenhuma expressão pedagógica. A desculpa comum é que na comunidade X ou Y é impossível um trabalho educativo tendo em vista os problemas políticos e ideológicos lá existentes. Ocorre que a problemática maior a ser trabalhada pelo profissional do DC são exatamente estes problemas que nas comunidades passam a ser objeto de ação profissional. Fugir dessa problemática é fugir do seu próprio objeto de trabalho.

A participação como condição necessária ao desenvolvimento social da população comunitária requer a retomada consciente da condição de ser criador e sujeito da história que é própria a esta população. As operações metodológicas se colocam também como processos de ação/reflexão em função dessa retomada, apesar de todos os mecanismos de subordinação a que o homem está submetido.

2.1 Identificação dos interesses e preocupações comunitários

Partir da realidade concreta em que se encontra a população comunitária significa partir dos problemas e preocupações dessa população.

O cotidiano das comunidades apresenta sempre peculiaridades que têm a ver com as suas condições sócio-históricas; daí que a história de vida deve ser retomada pela população a fim de que suas lutas e valores sejam reconhecidos. A retomada histórica se inicia a partir da identificação dos interesses e preocupações comunitários que se fazem fios condutores das reflexões e ações que levam à retomada. Por sua vez essa retomada leva a população ao descobrimento das relações e inter-relações da sua realidade específica imediata com a realidade global.

Identificar os interesses e preocupações comunitários significa partir de onde a comunidade se encontra; significa identificar que algumas comunidades já se encontram em situações evoluídas, que se traduzem pelos processos de reflexão e ação que aí se desenvolvem. Já outras se encontram no estágio de pensar e sentir. Individualmente aquelas questões comuns a toda comunidade e, assim, suas atitudes são também personalistas e individualizadas. Outras ainda reconhecem a existência de algumas pessoas que pensam os problemas comuns da comunidade e consideram que cabe a estas as posições que lhes convierem, permanecendo, no entanto, com seu pensar e agir individual. Cada comunidade possui um tempo histórico em termos de condições de desenvolvimento, por isso, é a partir desta realidade que a prática do DC desenvolve os seus processos de trabalho. A identificação dos interesses, preocupações e lutas da população é caminho necessário para fazer avançar o processo de desenvolvimento maior ou menor em que se encontra a comunidade. Esses interesses e preocupações são também necessidades sentidas.

> Necessidades sentidas, por definição, são aquelas que a consciência do grupo afetado percebe e reconhece como carências, não é necessário chamar a atenção de um marginal sobre o fato de que vive mal, que sua casa não o protege da chuva, que seus alimentos são insuficientes; tudo isto ele sabe e, num certo sentido (pela experiência...).
> Necessidades sentidas são, por definição, reconhecidas pelo grupo, mas não são reconhecidas necessariamente como ponto de arranque de uma dinâmica de transformação (Celats, 1984, p. 37).

Na sociedade se criam, se modificam e se suprimem necessidades e se produzem mecanismos para que a população majoritária as assuma como próprias. Nesse sentido, não se pode sempre pensar as necessidades sentidas como necessidades puras, próprias da condição em que essa população se coloca na dinâmica dessa sociedade. A retomada das condições sócio-históricas é também o desencadeamento do processo de reflexão sobre a realidade própria das necessidades sentidas. Nas áreas da periferia, principalmente, as comunidades refletem, sobretudo, condições crescentes de pauperização. Essas condições impõem necessidades imediatas e urgentes que não se pode considerar em segundo plano. A fome, a doença e a falta de moradia são necessidades urgentes. Sobre elas, a população tem distintos níveis de consciência e tomada de atitudes. A questão não é simplesmente tomar providências para resolver tais problemas, como se fossem específicos e únicos a tal comunidade. O processo pedagógico a ser desencadeado pelo profissional na ação sobre estas necessidades supõe, sobretudo, reflexão quanto aos condicionamentos e inter-relações causais desses problemas sentidos. Supõe que tais necessidades sejam apreendidas pela população em sua dimensão histórica, o que implica considerá-las como uma questão que vai além das fronteiras da comunidade e, como tal, também os enfrentamentos possíveis de serem assumidos nos limites da comunidade.

Como diz Paulo Freire (1979, p. 35), "o que mais custa ao homem saber de maneira clara é sua própria vida, tal como está feita por tradição e rotina de atos inconsequentes".

A prática mostra que não é tão simples sair da identificação aparente dos problemas para a identificação da sua essência. O diálogo no qual se faz presente a consulta e o confronto de ideias, experiências e práticas é um processo necessário a uma identificação mais profunda das necessidades sentidas. Esse processo exige que o profissional tenha clareza quanto às suas atribuições e contribuições em termos de conhecimentos e habilidades técnicas. O profissional, se não tem clareza quanto à sua contribuição, termina por impor certos esquemas prévios, que a própria ideologia dominante da sociedade vai ajudando a formular.

De acordo com a própria dinâmica da sociedade, a existência concreta de uma comunidade revela diferentes dimensões de uma realidade única que é a realidade social:

— a comunidade produz para sobreviver materialmente;
— a comunidade traduz com palavras e atitudes as interpretações e justificativas que dá à sua existência;
— a comunidade vive e representa um conjunto de relações que garantem e reproduzem sua existência.

Os interesses, preocupações e as necessidades sentidas dizem respeito a essas dimensões da realidade que precisam ser examinadas em suas relações e inter-relações. Essas são dimensões que correspondem também a estruturas de análise sobre a sociedade. Tais elementos de análise ajudam o profissional a pensar e articular a realidade comunitária que, à primeira vista, mais se apresenta como um conjunto próprio de particularidades.

Aspectos operacionais:

— De acordo com a perspectiva de participação que se faz elemento básico do DC, o que de mais imediato o profissional pode fazer na comunidade é conviver com a população para ter oportunidade de conhecer e ser conhecido nela.

— Passando a conviver com a comunidade por meio de contatos formais e informais, o profissional começa a identificar indivíduos e grupos que poderão tornar-se os pontos iniciais de apoio no desencadear das ações e reflexões necessárias.

— Através dos contatos formais e informais, o profissional identifica formas de expressão verbais e não verbais que fazem o universo de comunicação da comunidade, estabelecendo assim um relacionamento mais próximo e sem bloqueios. Entre as formas de comunicação, destaca-se aqui o silêncio, em geral interpretado como apatia, ignorância etc. Como diz Paulo Freire, no entanto, o silêncio é uma linguagem expressiva e por vezes diz muito mais que as palavras.

— Através dos contatos formais e informais, individuais ou grupais o profissional começa a identificar como vivem as pessoas na comunidade, quais são as suas condições materiais de existência. Para essa identificação, pode-se, inclusive, verbalizar esta e outras questões nos contatos que se vão sucedendo: como vivem as pessoas aqui na comunidade? Quais as suas preocupações maiores? Como se relacionam? Todas estas questões estão carregadas de muitos significados, os quais vão se especificando a partir da realidade própria de cada comunidade. As respostas dadas podem traduzir as condições materiais de sobrevivência da população, de onde se pode identificar: o que se faz na comunidade para responder às exigências materiais de sobrevivência; o que se produz; quais as características das unidades de produção; de onde vem a matéria-prima e em que condições; quem se torna consumidor dos produtos e em que condições; como é organizado o processo de produção.

As respostas dadas podem também ser analisadas na dimensão das relações existentes na comunidade: relações de poder internas e externas que nela se expressam; a forma como esse poder é exercido; em benefício de quem esse poder é exercido.

Outra dimensão que as respostas podem atingir é a das interpretações e concepções de mundo próprias da comunidade. A população, formulando seus conceitos sobre a realidade vivida, formula também seus conceitos sobre o mundo, sobre a razão de ser de sua existência e sobre os problemas e soluções do seu contexto.

As dimensões com que se pode apreender como vivem as pessoas na comunidade são apenas tônicas dominantes das respostas dadas, uma vez que identificam elementos de uma realidade única, que é a realidade social, criada pelos homens.

Para sistematizar os primeiros elementos de identificação da realidade, que é também um momento exploratório, os seguintes elementos podem ser trabalhados:

a) Aspectos físicos da área:
— localização;
— meios de vinculação com outras áreas;
— características físicas;
— população.

b) Aspectos históricos da comunidade.

c) Equipamentos sociais e funcionamento:
— recursos de infraestrutura (água, luz, esgoto);
— serviços sociais (educação, saúde, transporte, segurança, comunicação).

d) Aspectos econômicos:
— condições de vida da população;
— sistema de produção a que a população está vinculada;
— condições de trabalho.

e) Aspectos políticos:
— grupos formais;
— grupos informais;
— relações de poder existentes nos grupos e entre os grupos;
— relações de poder existentes na comunidade.

f) Aspectos culturais:
— formas de expressão cultural da comunidade;
— visão de mundo e interpretação do mundo, tendo como referência os interesses e preocupações apresentados.

g) Aspectos pedagógicos das ações desenvolvidas:
— representatividade dos indivíduos e grupos trabalhados;
— pontos de contato e apoio social para o desenvolvimento dos trabalhos;
— questões exploradas em termos das reflexões mais frequentes com a população.

h) Conclusões:
— interesses e preocupações básicas da comunidade;
— visão de mundo da população sobre tais questões;
— atitudes já empreendidas para enfrentamento;
— bloqueios internos e externos a serem enfrentados.

A identificação dos interesses e preocupações comunitárias supõe o uso de determinados instrumentos e técnicas. A documentação, por exemplo, é um instrumento básico, destacando-se aqui o caderno de campo, os relatórios individuais e grupais de trabalho. É com base nesses elementos parciais de documentação que se elabora o relatório comunitário, o que serve de orientação e hipótese de trabalho às ações subjacentes. O diálogo, as reuniões e os métodos audiovisuais são também instrumentos de trabalho comuns neste primeiro momento das relações profissional/comunidade.

Um primeiro momento de vivência com a comunidade revela que, na maioria das comunidades, a população capta os acontecimentos da órbita da sua experiência. Visões de mundo e interpretações que apresentam são muitas vezes mecanismos de sobrevivência ante a realidade cruel a ser enfrentada. É nesse sentido que a identificação dos interesses e preocupações não é mais que um momento exploratório de aproximação inicial profissional/população onde, a partir de então, se pode formular uma ideia quanto à realidade a ser trabalhada.

2.2 Análise dos interesses e preocupações e de suas condições de enfrentamento comunitário

A análise dos interesses, preocupações e condições de enfrentamento comunitário é o processo de reflexão da realidade comunitária apreendida nos contatos iniciais desenvolvidos com a população.

A realidade comunitária identificada em seus aspectos imediatos passa a ser objeto de reflexão e análise, buscando apreender as suas relações com a realidade global da sociedade, assim como a ultrapassagem das reflexões e ações, numa dimensão individualizada para uma dimensão comunitária e coletiva.

Analisar os interesses e preocupações comunitários supõe um processo educativo, uma vez que a população está situada num contexto que cria justificativas para a aceitação da realidade tal qual se apresenta. Tanto o profissional quanto a população, em níveis diferentes, estão sujeitos a pensar a realidade de forma ingênua e/ou mágica. Paulo Freire faz referência a três diferentes tipos de consciência:

> A consciência crítica "é a representação das coisas e dos fatos como se dão na existência empírica. A consciência ingênua (pelo contrário) se crê superior aos fatos, dominando-os de fora e, por isso, se julga livre para entendê-los conforme melhor lhe agradar".
> A consciência mágica, por outro lado, não chega a acreditar-se "superior aos fatos, dominando-os de fora, nem se julga livre para entendê-los como melhor lhe agradar". Simplesmente os capta, emprestando-lhes um poder superior... (Vieira Pinto, apud Freire, 1979, p. 105).

A análise é um processo de troca de conhecimentos e experiências que se vai estabelecendo entre os diversos componentes da população e desta com o profissional. Nesse processo, se questiona e rejeita a tendência existente entre os homens de conceber a realidade como algo fixo, de apreender os fatos e acontecimentos como provenientes de leis naturais. O contexto próprio da análise são as necessidades sociais presentes à comunidade que se expressam através dos interesses e preocupações da população. Estes estão estreitamente relacionados à dinâmica da estrutura social, que se representa também através do estágio civilizatório em que se encontra o contexto específico da comunidade. Existem interesses e preocupações hoje que não existiam ontem. Por sua vez, tais interesses correspondem a um conjunto de indivíduos e não a uma única pessoa.

Apreender os fatos e acontecimentos em sua forma aparente e tratá-los nessa aparência é tendência comum à população da maioria das comunidades, porque as camadas populares, historicamente, foram impedidas de expressar-se e desenvolver seus espaços e canais próprios de realização. É por isso que identificar os interesses e preocupações da população e trabalhar esses interesses sem que sejam analisados e avaliados em sua significação pode ser ação contra os interesses e preocupações fundamentais dessa população.

A reflexão dos interesses e preocupações da população é processo de participação e desenvolvimento à medida que a troca de saberes ajuda a desenvolver a consciência da população e do profissional.

O profissional, pela própria posição que assume na comunidade, tenta trabalhar a realidade comunitária buscando suas bases no desenvolvimento de teorias determinadas sobre a realidade social. A realidade social, no entanto, é mais rica que as teorias que a explicam e, por isso, tais teorias são sempre alvo de confronto e redefinição à medida que tentam explicar a realidade social. É importante que o profissional tenha presente quais as teorias de apoio que embasam as suas ações diante desta ou daquela realidade, para poder, inclusive, ter uma consciência crítica.

Na análise dos interesses e preocupações, em geral o profissional enfrenta problemas concretos tais como:

— Como problematizar a realidade que aí está colocada em termos de interesses e preocupações?

— Quais as teorias, ou qual a teoria mais capacitada a explicar mais objetivamente a realidade objeto da ação?

— Que caminhos ou que processo devem ser trabalhados em função do processo de reflexão gerador das ações necessárias?

Quanto à primeira preocupação, o primeiro elemento a ser considerado é que o eixo das reflexões sobre os interesses e preocupações apresentados pela população deve ser deslocado da sua condição de realidade parcializada, imediata e individualizada para o eixo das relações de: poder, autoridade e exploração. Pensar tais relações já é uma primeira tentativa de apreender tal realidade no contexto de suas relações e inter-relações com a estrutura global da sociedade. Essas relações e inter-relações implicam a busca dos seus condicionamentos sócio-históricos.

Trabalhar as relações de poder, autoridade e exploração presentes aos interesses e preocupações apresentados à população supõe, consequentemente, uma concepção de DC que tenha perspectiva estrutural e também histórica e dialética de apreensão social da realidade.

Poder é, sobretudo, o conjunto de condições de que a comunidade dispõe para fazer valer os seus interesses e poder alcançar os seus objetivos. O poder não é condição, mas conjunto de condições. O saber da comunidade sobre sua realidade, sobre as alternativas de enfrentamento dos problemas aí existentes, é uma condição de poder; a organização da população é uma condição de poder; as técnicas e táticas conhecidas e dominadas pela população em suas experiências de enfrentamento são condições de poder; os meios de comunicação e circulação de ideias dominadas pela população são condições de poder; os bens materiais possuídos pela população são condições de poder. Estas condições funcionam em cadeia, daí que o poder não pode ser examinado como uma coisa dada. No entanto, é possível que se tenham alguns parâmetros para poder analisá-lo.

O conjunto das condições que fazem o poder supõe uma relação. Poder em relação a que ou a quem? Poder em relação a que contrapoderes? Quais os contrapoderes que se interpõem entre a realidade do poder comunitário e os seus ideais de realização e desenvolvimento? Quais os mecanismos de poder da comunidade e também de contrapoderes que se fazem presentes à comunidade?

Os interesses e preocupações demonstrados pela população são situações a partir das quais estas questões são examinadas e refletidas. São situações a partir das quais a própria população passa a considerar a sua realidade de poder e os mecanismos possíveis de enfrentamento e confronto para a realização dos objetivos que formula.

A *autoridade* é o direito e o poder emanado das relações de confiança que a comunidade deposita em alguém, ou grupo, no sentido de representá-la e fazer valer os seus objetivos sociais e interesses coletivos presentes à mesma. A autoridade, como tal, está a serviço da coletividade e dela se deriva. Supõe a existência de interesses comuns entre representantes e representados. Analisar as relações de autoridade presentes aos interesses e preocupações da população significa analisar a existência de interesses entre representantes e representados, assim como os mecanismos de relações entre estes.

Em geral, as preocupações e interesses da população comunitária extrapolam a realidade da sua ambiência. Cada vez mais, as comunidades deixam de se caracterizar pelo processo produtivo e assumem a problemática do consumo. Como tal, a autoridade comunitária é limitada. Muitas questões fundamentais à sua existência extrapolam o seu domínio e requerem outros enfrentamentos.

A referência a uma autoridade de características democráticas não esconde a existência de outros tipos de autoridade, aliás, mais presentes às diversas realidades comunitárias. O autoritarismo é um dos extremos da autoridade. Supõe um processo de desencadeamento da vontade ou da aceitação do outro sem que haja um pensar ou uma deliberação. O autoritarismo se exerce por meio de mecanismos de natureza coercitiva, repressiva ou, veladamente, através de mecanismos de recompensa. O paternalismo autoritário se exerce por intermédio de mecanismos de recompensa, ao mesmo tempo que subtrai da população as possibilidades de deliberação consciente.

Analisar as relações de autoridade presentes aos interesses e preocupações comunitários supõe analisar as disposições de enfrentamento da população ante o que fazer, que se formula a partir dos mesmos. Supõe analisar também os mecanismos de exercício da autoridade, levando em conta a condição necessária de avaliação dessa autoridade pela comunidade.

A *exploração* é o fenômeno resultante das relações de produção, quando tais relações se originam de agentes de posições antagônicas no processo produtivo.

Caracterizando-se as comunidades basicamente como realidade de consumo, o foco da exploração se dá, em geral, fora das mesmas. As condições de poder e autoridade existentes na comunidade, no entanto, estão permeadas pela exploração, à medida que tanto um como outro se fazem suportes necessários à reprodução da exploração.

Os eixos *poder, autoridade* e *exploração* são vertentes de uma mesma realidade — a realidade das relações sociais — e, como tal, têm de ser consideradas em suas relações de interdependência e determinação. As condições básicas de poder e autoridade presentes a uma comunidade estão intimamente ligadas às forças produtivas que asseguram as condições materiais de existência. Estas forças se definem conforme a produção se organiza. Elas em geral nada têm especificamente a ver com esta ou aquela comunidade, mas sim com as condições de reprodução e, por isso, envolvem a realidade das áreas de moradia. Nas sociedades capitalistas, as relações fundamentais presentes à organização da produção criam a exploração como um fenômeno sempre existente na força de trabalho. Esta exploração tem relação direta com a realidade do consumo, assim como com a realidade do poder e da autoridade dessa população na sociedade, as quais têm, nas comunidades, um dos seus canais de expressão.

A realidade dos interesses e preocupações cotidianos da população encontra sua significação real e suas condições de enfrentamento a partir da objetivação de todas estas relações e inter-relações.

A questão fundamental do DC não está, portanto, na solução dos problemas cotidianos que a população vai apresentando.

A solução de problemas, ou o encaminhamento de ações que respondam aos interesses e preocupações da população, é um processo que vai ser definido pela comunidade a partir da consideração que faz das relações e inter-relações consolidadas que a levam à significação real e concreta da sua realidade.

A análise é, portanto, a apreensão das características gerais da realidade imediata, e particulares, que no cotidiano se apresentam como interesses e preocupações da população; é a apreensão das suas contradições; enfim, da essência mesma dos seus interesses e preocupações.

É na ação que a consciência mais desenvolve sua capacidade de julgamento, criticidade e discernimento da realidade. A análise dos interesses e preocupações não é, portanto, um momento que se resume em reflexões e abstrações. Algumas ações podem e devem ser implementadas, uma vez que pensar o encaminhamento dessas ações, os efeitos esperados, os limites é também descobrir a verdadeira dimensão das questões que se tenta resolver através destas ações. É nesse pensar que muitas ações inicialmente definidas são redefinidas e reencaminhadas. E é na ação que muitos pensamentos inicialmente concluídos como explicação da realidade trabalhada são redefinidos e reencaminhados.

Aspectos operacionais:

— Durante e após o processo de abordagem e percepção inicial dos interesses e preocupações da população, o profissional, em suas relações individualizadas ou grupais, identifica indivíduos e grupos que passam a ser ponto de encontro, confronto e apoio para o desencadear do processo de reflexão.

— Os interesses e preocupações, antes apreendidos isoladamente, são levados à consideração e discussão da população/ponto de apoio, para apreensão dos elementos comuns que podem ser caracterizados como interesses e preocupações coletivas.

— Os interesses e preocupações são analisados em suas relações, inter-relações, causalidades e contradições, numa tentativa de apreensão da dimensão real dos interesses e preocupações apresentados.

— Os interesses e preocupações são analisados em relação à capacidade de enfrentamento da população interessada e aos recursos internos e externos que podem ser captados e mobilizados em função desses interesses.

— A análise dos interesses e preocupações inclui a análise da organização da população interessada, a análise das políticas sociais oferecidas pelo Estado e suas condições de oferta, assim como a análise dos recursos oferecidos pela sociedade civil (Igreja, Comissão de Defesa dos Direitos Humanos e outras organizações comprometidas com a causa popular).

Frente a cada realidade em particular, os aspectos operacionais apresentados assumem suas peculiaridades. O seu desencadear supõe recursos e instrumentos apropriados. Perante a própria realidade dos modernos meios de comunicação, não se pode menosprezar os instrumentos e canais de comunicação popular. Estes instrumentos e técnicas são, inclusive, suporte importante de aproximação da população e também de confronto.

Enfim, o que se pretende com a análise dos interesses e preocupações da população é que estes encontrem o seu eixo básico de reflexão e ação na comunidade. Como tal, define-se e assume-se coletivamente. Há uma preocupação também em que os problemas ou questões coletivas ligadas ao consumo apreendam os seus elos de ligação com a realidade dos meios de produção e, assim, os seus meios de enfrentamento levem em conta essas relações.

2.3 Organização e planejamento das ações

A organização e planejamento das ações é também momento de reflexão. As suas técnicas, no entanto, se dirigem ao modo de encaminhamento das ações concebidas como necessárias. Cada ação definida exige encaminhamentos próprios, mas todas têm exigências de um pensar comum da população interessada em função de decisões que têm de ser assumidas em comum e, como tal, trabalhadas em comum. Um aspecto a considerar nas ações a serem encaminhadas é que estas não são de um grupo ou de um indivíduo; elas precisam, portanto, de adesões da comunidade. Outro aspecto a considerar são as relações de poder presentes a esta ação. Se a preocupação do processo de DC não se resume na solução de problemas, é preciso que se considerem que mudanças tal ação implicará. E, ainda, se estas mudanças se farão por meio da organização e reforço das forças identificadas e se elas requerem alterações substanciais de tais forças. Como diz João Bosco Guedes Pinto (1984, p. 109): "A transformação da sociedade passa por modificações das relações de poder; poder é força e força só se muda com força".

A ação, como processo de desenvolvimento comunitário, requer, por conseguinte, o assumir da população e não a simples deliberação a uma pessoa para que a defina e encaminhe a seu modo. Claro que cada comunidade tem um nível e um ritmo de desenvolvimento diferente; por isso, Clodovis Boff, chama a atenção do agente sobre o seu papel nas ações em busca da autonomização da população comunitária:

1. Inicialmente, o agente trabalha para o povo. É como se o carregasse.
2. Depois, o agente trabalha com o povo. É como se o *amparasse* para que tente caminhar com as próprias pernas.
3. Finalmente, o agente trabalha *como* o povo. É como se o povo já pudesse caminhar por própria conta... (Boff, 1984, p. 27).

A realidade do processo de desenvolvimento em que se encontra uma comunidade varia de acordo com as situações de vida, os acontecimentos, as influências externas, o grau de consciência e organização em que se encontra a população.

Em função dessa realidade é que, em algumas comunidades, se fazem necessárias ações imediatas. Só a partir dessas ações imediatas a população é estimulada a pensar a dimensão real dos seus interesses e preocupações. Os resultados obtidos (positivos ou negativos) dessas ações tornam-se então elementos de reflexão e de novas ações, já de acordo com uma dimensão mais concreta das questões trabalhadas.

Um aspecto a considerar na reflexão das ações é que, em meio a questões que são comuns a toda população — transporte, infraestrutura de saneamento, educação, saúde —, há aspectos heterogêneos a considerar, cuja tendência não é uma homogeneização de interesses pelo menos imediatos. Nesse sentido, é importante considerar que o trato de uma questão diretamente relacionada a um grupo social requer trato diferenciado daquelas que envolvem coletivamente toda a comunidade. Por sua vez, o trato de questões mais específicas a um grupo social por vezes se torna condição necessária a uma ação comunitária.

A ação requer reflexão, previsão do que fazer, do como fazer, do que se pretende atingir. Todo esse processo continua de forma educativa, onde profissional e população trabalham e constroem conjuntamente.

Por vezes, como estratégia tática ou mesmo meio de controle, se faz necessário que a proposta da(s) ação(s) seja sistematizada em um projeto. Isto é importante sobretudo quando requer a consideração de instituições do setor público para liberação de recursos. É importante que a população sistematize a sua proposta, indicando onde se faz necessária a ação desta ou daquela instituição.

Alguns itens devem estar claros na elaboração de uma proposta, ou projeto de ação comunitária:

1. *a identificação do projeto* — dar um título ao projeto;
2. *apresentação* — historiar os antecedentes ou motivos que conduziram à decisão de elaborar o projeto;
3. *diagnóstico ou problemas identificados* — qual o problema, o interesse, ou a preocupação que se constitui objeto do projeto. A sua realidade atual, as suas relações causais, a sua significação mais geral e global;
4. *justificativa* — importância de uma solução ou do encaminhamento de uma ação ante o problema colocado. As possibilidades e viabilidades de realização, as possíveis consequências positivas dessa ação. Princípios, pressupostos e explicações concernentes à realidade a ser trabalhada;
5. *objetivos* — ideal a ser atingido, resultados a serem alcançados através da ação;
6. *sistemática de operacionalização da ação* — a sistemática de ação se refere aos meios de realização dos objetivos. Ela envolve aqueles níveis que Clodovis Boff (1984, p. 93) chama de estratégia e de tática: "as *estratégias*, que constituem as grandes linhas de ação, ou seja, que traçam o caminho para chegar ao objetivo final; as *táticas*, que são os passos concretos dados dentro das estratégias para se chegar à meta ou objetivo". A enumeração das diversas tarefas a realizar, a divisão de tarefas, a coordenação das diversas tarefas;
7. *recursos necessários* — definir o conjunto de recursos materiais, financeiros e humanos; especificar as fontes previstas para conseguir estes recursos;
8. *responsáveis pelo projeto* — definir os responsáveis na qualidade de coordenador, colaborador, patrocinador e participantes em geral;

9. *tempo previsto para realização do projeto;*
10. *cronograma de trabalho* — equacionar no tempo previsto as diversas atividades, providências e tarefas a serem desenvolvidas para que o projeto seja realizado.

Estes itens gerais, que ajudam a refletir sobre o encaminhar de uma proposta de ação, podem ser considerados também como aspectos operativos deste momento de organização e planejamento das ações.

Os itens apresentados devem ser, sobretudo, objeto de discussão. Não importa que a ação proposta tenha de ser registrada por escrito sob forma de projeto. Importa, principalmente, que a população pense, discuta o que fazer, como fazer, por que fazer, quando fazer. Todas estas questões, no entanto, devem estar dirigidas para a perspectiva global de desenvolvimento que se pretende. Daí que os princípios pressupostos e explicações concernentes à realidade objeto da ação e aos objetivos pretendidos, existentes no item justificativas, são elementos de suma importância, uma vez que eles indicam a própria perspectiva de desenvolvimento que se faz presente à ação a ser desenvolvida.

A utilização e revitalização da organização, tomando por base o planejamento das ações comunitárias, concretiza-se à medida que a população exerce e reforça o seu poder nas discussões e decisões em torno dos objetivos a realizar e nas discussões e visões em torno das implicações e exigências organizacionais interna e externa à comunidade como meio de viabilizar a operacionalização dos objetivos definidos. A organização é, pois, fruto de todo um processo de conscientização sobre a realidade social da comunidade. Nesse sentido, quanto mais o profissional intervém e decide pela população, mais a afasta das suas possibilidades concretas de conscientização e organização. A competência do profissional está não em fazer pela população, mas em saber assessorá-la, trazendo informes de caráter técnico-científico sobre a realidade do contexto social em que se situa a comunidade; assessorando a tomada de decisões com bases em informes objetivos sobre a realidade comunitária e sobre as correlações existentes entre a realidade interna e externa; orientando a própria apreensão objetiva da realidade; chamando a atenção para a existência de variáveis não apreendidas pela população ao definir as alternativas de ação; despertando a população para utilizar instrumentos técnicos de ação que ajudem a conduzir mais eficazmente a realizar os objetivos definidos.

2.4 Desenvolvimento, avaliação e ampliação das condições de organização e ação

É o processo de desenvolvimento e consolidação das decisões e ações programadas pela população, envolvendo a sua implementação, o seu desencadear e o controle e avaliação daquelas já desencadeadas.

O desenvolvimento das ações programadas requer a existência de grupos de trabalho cujos membros tenham consciência da força social que representam, das suas limitações e possibilidades enquanto força social e das estratégias que direcionam suas tarefas. A consciência de todos estes aspectos é a mola mestra das reflexões necessárias sobre a própria conjuntura interna da comunidade. Por vezes, o desenvolver de algumas ações leva alguns grupos situados em linha de frente dos trabalhos a se institucionalizarem legalmente. É o caso daqueles grupos que se transformam em associações de moradores, em conselhos comunitários etc. Há uma tendência comum a esses grupos de se tornarem o alvo das relações das instituições públicas, dos políticos e outros *agentes, ao necessitarem entrar em contato com a comunidade. São importantes essas relações; no entanto, os demais grupos da comunidade têm de ser o termômetro dessas relações, avaliando continuamente até que ponto os interesses da comunidade estão sendo representados, conduzidos e negociados.* É importante que os interesses individual e coletivo sejam percebidos nessas relações, tendo em vista a tendência comum desses grupos de linha de frente de assumirem um discurso de defesa do povo e uma prática de reconhecimento e defesa dos interesses pessoais dos seus dirigentes. Todo trabalho comunitário, cujas ações se desenvolvem através de um único grupo, tende a personalizar os interesses e afastar-se do coletivo. A inexistência de outros grupos de base que, dentro de suas ações próprias, avaliem e critiquem as ações desenvolvidas em seus aspectos gerais é um reforço a tal tendência. Por outro lado, muitas vezes a ação política e a participação em eventos fazem com que os dirigentes desses grupos adquiram cada vez mais um discurso progressista e diferente, que intimida os demais habitantes da comunidade. É comum a população fazer referência a alguns nomes, dizendo "só eles sabem falar com os homens".

O momento cuja tônica é a ação é o momento em que o processo toma por base algumas atividades para poder refletir mais concretamente a realidade.

Reduzir a ação a uma simples solução de problemas sem relação com o processo mais amplo de desenvolvimento comunitário tende a excluir o processo educativo, permanecendo tão somente o ativismo.

O desenvolvimento social é dinâmico e, assim, mesmo que a população de dada comunidade tenha alcançado certo nível de desenvolvimento, sentirá a necessidade de reciclagem e capacitação contínua ante as novas exigências da realidade social. Nesse sentido, o desenvolvimento das ações implica capacitação para novos enfrentamentos. Em outras diferentes situações, a perspectiva educativa das ações nos trabalhos recém-iniciados pelo profissional ajudará a que os pontos iniciais de contatos individuais ou grupais sejam definidos ou redefinidos através do compromisso sugerido pelas ações que se vão desenvolvendo. Para que se alcancem os resultados previstos, a comunidade precisa se instrumentalizar politicamente, analisando sua força social, seus aliados e seus adversários. Precisa também analisar tecnicamente, definindo trabalhos, avaliando os meios empregados, os resultados que se vão sucedendo etc. Neste sentido, existem os seguintes aspectos operacionais:

— apoio efetivo aos grupos de trabalho e intercâmbio intergrupal frequente;
— estabelecimento de rede de comunicação que permita manter continuamente a comunidade informada das ocorrências;

— estabelecimento de critérios de controle e avaliação;
— avaliação contínua;
— redefinição de novas alternativas de ação.

A avaliação é um processo contínuo que permeia todo o trabalho de desenvolvimento comunitário. Ela, no entanto, encontra uma definição mais pronta a partir da referência a uma ação. Como processo de reflexão comum a todos os momentos metodológicos, a avaliação é, sobretudo, processo de julgamento das ações comunitárias. Ela se dá ao longo de toda a experiência e se faz coletivamente de modo a que os resultados da ação sejam apropriados por todos e refletidos por todos enquanto significação imediata e enquanto significação para o processo geral de desenvolvimento que se pretende alcançar.

A avaliação é um processo educativo que faz parte de um processo educativo mais amplo que é o DC. Como tal, não pode reduzir-se a um julgar sobre o resultado da ação em si, ou sobre os meios para o alcance deste ou daquele resultado imediato. As proposições que fundamentam as ações, o suporte teórico das explicações sobre a realidade objeto da ação que se apresentam na justificativa da proposta ou do projeto são referências, ou teses que têm na ação respostas concretas e, por isso, também precisam ser analisadas.

A avaliação supõe um momento preparatório no qual os integrantes do processo devem estabelecer as suas bases para a avaliação propriamente dita, que é o instante de síntese e realimentação do processo educativo.

O momento preparatório supõe o estabelecimento de critérios a serem observados: o que avaliar, como avaliar, quem avaliar, para que avaliar.

O que avaliar implica o estabelecimento de critérios para que se apreenda não simplesmente o que se conseguiu como resultado imediato, como eficácia das estratégias e táticas empregadas, mas também quanto à consciência crítica sobre a realidade social; assimilação do eixo temático central das reflexões e ações, organização das categorias envolvidas, canais de comunicação, criticidade quanto aos pressupostos e explicações dadas às questões trabalhadas.

Como avaliar: os meios a serem estabelecidos para o processo de avaliação, em que condições eles atingem as categorias envolvidas, como garantem a sua participação nesse processo.

Quem avaliar: se o pressuposto é um processo educativo, então, a avaliação não deve ficar sob a responsabilidade do profissional ou da coordenação das ações. As diversas categorias envolvidas são também agentes das avaliações, devendo analisar, além dos aspectos já considerados, também o grau de integração e participação dessas categorias, o papel cumprido pela coordenação.

Para que avaliar: o para que refere-se à própria realimentação do processo educativo e não simplesmente à análise dos resultados imediatos da ação. A avaliação ajuda a corrigir os erros e a fazer avançar o processo. Como tal, a avaliação deve confrontar-se com todos esses elementos para que se tenham elementos de realimentação do processo.

A avaliação em si é o momento de síntese resultante de toda fase anterior. É o momento em que a população e os agentes envolvidos no processo se reúnem para julgar todos os aspectos previstos.

O próprio processo de avaliação é um momento de redefinição do pensar e agir da população. Nesse sentido, os aspectos apresentados devem ser tomados como elementos iniciais de um processo que deve ser redefinido no dia a dia da prática.

As diretrizes e operações metodológicas apresentadas se definem a partir dos próprios elementos conceituais discutidos nos primeiros capítulos. Assim, considera-se que o presente capítulo tem suas bases nas questões metodológicas que são tratadas nos diversos capítulos em seu conjunto.

CAPÍTULO XI

Instrumentos e técnicas usados no DC

O processo metodológico do DC é desencadeado e implementado através da utilização de instrumentos e técnicas. Nesse sentido, é importante uma consideração sobre eles sobretudo no que diz respeito a algumas peculiaridades assumidas quando da sua utilização no DC.

Thiollent (1985), citando Bourdieu, diz que a técnica é uma teoria em atos. Quando se fala em instrumentos e técnicas, portanto, não se está referindo a uma simples engrenagem material ou mecânica para condução de ações determinadas.

A técnica, enquanto técnica, caracteriza-se por um conjunto de atos articulados dentro de uma sistemática dada. Esta sistemática, implícita ou explicitamente, revela a existência de uma teoria subjacente. Claro que nem toda teoria é elaborada com base na dinâmica da prática. Algumas são elaboradas para justificar a prática social e não como meio de explicação e conhecimento real da mesma; outras, ainda, são elaboradas a partir das motivações subjetivas dos seus agentes. Assim um trabalho com pretensões à objetividade vai requerer que as suas bases teóricas sejam devidamente explicitadas.

A objetividade da teoria requer confrontos e reelaborações contínuas a partir das alterações e redescobrimentos da realidade que se vão operando com a prática social.

Até que ponto a teoria identificada na dinâmica e sistemática de utilização dos instrumentos e técnicas esclarece a realidade ou tão somente contribui para sua mistificação é uma questão e reflexão que devem estar presentes ao desenvolvimento das ações.

O DC é uma das estratégias para desencadear e estimular o desenvolvimento global. Tal estratégia supõe que se tenha presente uma teoria sobre o próprio desenvolvimento e sobre a dinâmica estrutural da sociedade; uma teoria sobre o próprio objeto e objetivo da ação a ser desenvolvida, assim como sobre as próprias diretrizes metodológicas desta ação. Por isso, não se pode optar mecanicamente por esta ou aquela técnica, quando se tem no DC uma ação objetiva e definida em função de um processo global de desenvolvimento. O instrumental teórico do DC é também um instrumental metodológico de base para pensar, interpretar e definir a realidade da prática e de como fazer. A inexistência de uma consciência clara quanto ao porquê desta ou daquela técnica, isto é, quanto à sua significação social, faz da prática do DC um ritual mecânico de técnicas em uso que só têm a contribuir para a reprodução social.

Todo e qualquer recurso utilizado na condução do processo de DC pode ser considerado instrumento. Neste sentido a técnica é um instrumento, mas um instrumento que possui manejo especial. A técnica são as condições especiais de tratamento e manejo de determinados recursos; como tal, requer habilidades especiais.

Os instrumentos e técnicas que fazem o processo educativo do DC não são propriedades do DC. Algumas técnicas constituem disciplinas de tratamento específico, como a pesquisa social, as técnicas de trabalho em grupo, a comunicação social etc. O que se pretende com este capítulo é realçar algumas das técnicas mais presentes ao DC, assim como alguns aspectos da sua sistemática metodológica, sem, contudo, precisar detalhes sobre sua natureza, dinâmica histórica, concepções e outros elementos definidores das mesmas, vez que, inclusive, algumas destas são dadas como disciplinas ou aspectos de programas de disciplinas.

1. Aglutinação documental de informações

Para Boris Alexis (1976), ao se decidir trabalhar em dada realidade social, é comum já existir sobre ela um acervo sistemático de informações:

> Frequentemente, ao se decidir trabalhar em uma comunidade, ou setor social, descobre-se já existirem estudos ou informações a respeito do campo, estatísticas organizadas de caráter nacional [...] desse acervo de dados, uns possuem validade científica, enquanto outros são de confiabilidade duvidosa.

Em geral, encontra-se, sobre as diversas áreas de trabalho, um conjunto de informações que, associada ou confrontada com outras que vão se explicitando no decorrer do processo de DC, contribui grandemente para o avanço desse processo. Por outro lado, desconhecer a existência dessas informações, assim como o modo e as condições em que foram formuladas, é desconhecer elementos históricos importantes sobre a própria realidade da ação. O desconhecimento dos informes existentes sobre a área pode levar um profissional aos mesmos caminhos já percorridos por outro, sem que nada de *novo* venha a se acrescentar, o que de certo modo significa explorar a população.

Os informes técnicos possíveis de serem encontrados sobre uma comunidade podem ser visualizados em três dimensões:

— informes gerais sobre a área;

— informes específicos sobre setores específicos da realidade comunitária;

— informes sobre programas e processos de trabalho comunitário já desenvolvidos na área.

a) Informes gerais sobre a área.

São informes que, direta ou indiretamente, possibilitam uma identificação da área em termos físicos e sociais, assim como em suas relações com outras áreas e com a sociedade global.

Muitas instituições públicas e privadas de dimensão nacional, regional, estadual e local podem, por função própria, ser fonte de aglutinação e tratamento de dados importantes para a compreensão da realidade comunitária. (O IBGE, por exemplo, os Institutos Estaduais e Municipais de Pesquisas e Estatísticas etc.) Além destes, no entanto, outras instituições podem ser buscadas para este fim.

Nos documentos referentes à realidade da área, pode-se buscar diversos informes:

— características físicas da área;

— aspectos demográficos;

— aspectos históricos;

— realidade econômica e relações de produção dominantes;

— realidade política e organizações profissionais e informais existentes;

— realidade cultural e expressões fundamentais da cultura etc.

Os informes recolhidos devem funcionar como elementos de aproximação do profissional com a área; como tais, são elementos a serem processados a nível de reflexão e confronto com o cotidiano existente à medida que o profissional se vai aproximando desse cotidiano.

b) Informes específicos sobre setores específicos da realidade comunitária dizem respeito às características de dado setor: saúde, educação, menor etc. Eles são importantes, sobretudo quando os interesses e preocupações da área se referem a questões específicas e ajudam a fazer reflexões e confrontos sobre tais questões, contribuindo também para a elaboração de propostas para superá-las.

O que se deve buscar nesses informes deve ser determinado pelas características da questão trabalhada. Além desses aspectos, deve-se buscar também determinações históricas, relações e correlações com outros elementos da realidade social.

c) Informes sobre programas e processos de trabalho comunitário já desenvolvidos na área.

A importância de se buscar estes informes está em conhecer os processos de trabalho já vivenciados pela população; em retomar estes processos em nível de avaliação quanto à significação dos mesmos para a população; em retomá-los naqueles aspectos que respondem aos interesses e preocupações da população; e em neutralizá-los naqueles que possam bloquear o desenvolvimento da população. Na documentação e nos informes referentes à realidade do trabalho desenvolvido é importante identificar:

— os grupos e subgrupos de participação maior nas ações desenvolvidas;

— os objetivos propostos;

— os resultados alcançados;

— o modo de desenvolvimento das práticas trabalhadas;

— o modo de participação da população.

A aglutinação documental de informações supõe que se tenha sobre a realidade social uma concepção explícita, pois é a partir de elementos analíticos presentes a esta concepção que se tenta apreender os informes que dão substância a este tipo de ação.

2. Documentação

A documentação é um recurso elucidativo de situações próprias ou relacionadas à área. Como tal, inclui os relatos dos trabalhos comunitários aí desenvolvidos, ajuda a conhecer, analisar e avaliar a realidade comunitária, assim como o processo pedagógico em desenvolvimento e não se reduz ao registro desse processo. Por isso, sua concepção assume elementos que lhe dão maior amplitude.

A documentação em DC é um conjunto sistemático de registros sobre situações gerais ou contingências específicas da comunidade e sobre a dinâmica pedagógica dos trabalhos comunitários desenvolvidos. Tem como objetivo a reconstituição histórica das lutas da população em função dos interesses e preocupações presentes nas áreas de moradia. Objetiva, também, a constituição de informes que venham a subsidiar análises e avaliações necessárias à realimentação do processo pedagógico do DC.

A documentação supõe sistematização e registro de dois ângulos interdependentes da prática social comunitária:

2.1 *a documentação enquanto sistematização de informes gerais sobre a área;*

2.2 *a documentação enquanto registro do processo pedagógico em ação.*

2.1 A documentação enquanto sistematização de informes gerais sobre a área

Como está praticamente dito, é o processo de sistematização e tratamento documental de informes sobre a área ou a ela relacionados. Além dos informes coletados através da aglutinação documental de informações, pode-se buscar continuamente outros em jornais e revistas. É constituída de registro de situações que possam servir de confronto, demonstração ou explicitação sobre as situações da área no que dizem respeito às preocupações e interesses da população: mapas, fotografias, leis e decretos, planos e projetos etc.

Cada assunto deve ter sua pasta ou organização própria. Os recortes de jornais e revistas devem ser colecionados por assunto. A escolha desses assuntos se define com base nas preocupações e interesses da área, pode tornar-se mais ampla à medida que a população, nas reflexões e ações que desenvolva, apreenda as relações e correlações causais com outros aspectos da realidade. Por exemplo, pode ser que a preocupação maior da população seja regularizar os lotes das suas moradias. É importante então que se tenham, sobre esse assunto, as experiências de outras áreas registradas em revistas, jornais e outros veículos, assim como as legislações existentes sobre o assunto, os programas de política social que interferem nessa questão e os modos de trabalho da política social relativos a ela. Essa documentação ajuda a população a se inteirar do que vem ocorrendo politicamente em torno dos seus interesses. Serve também para confrontar a sua experiência com outras em desenvolvimento. O fato é que a documentação tem objetivos dinâmicos na condução do processo de DC.

A forma de registro pode seguir dois caminhos:

a) organizar os assuntos por títulos específicos, constituindo uma pasta para cada título, colocando nela os recortes pertinentes. Cada recorte deve ter referências sobre a fonte: nome do jornal, revista etc., ano, mês, dia e inclusive o número da página de onde foi retirado o recorte;

b) outra forma é a seleção dos títulos, registrando-se abaixo de cada um os assuntos relacionados que vão sendo publicados e divulgados. Junto a cada assunto, colocam-se todas as indicações da fonte. Os jornais e revistas, portanto, não são recortados, mas guardados, ficando à disposição para uso no momento necessário.

Em dada experiência de trabalho relacionada a questões de invasões urbanas, por exemplo, os aspectos gerais da documentação foram sistematizados de acordo com os seguintes assuntos:

1. leis, planos, projetos e outras considerações sobre a regularização dos lotes urbanos;
2. leis, planos, projetos e outras considerações sobre construção de casas populares;
3. informes gerais sobre a área: mapas, fotografias e outras considerações sobre a sua realidade;
4. aspectos gerais da problemática habitacional;
5. movimentos sociais urbanos e loteamentos clandestinos;
6. participação, organização popular e associações populares em geral;
7. a pesquisa/ação e outras experiências e métodos de trabalho com população de periferia;
8. educação e camadas populares — problemática e perspectivas;
9. saúde e camadas populares — problemática e perspectivas;

10. trabalho e camadas populares — problemática e perspectivas;

11. mulher e menor — problemática e perspectivas.

O desenrolar dos trabalhos vai indicando as questões do cotidiano que afetam a vida da população, de sorte que não se pode chegar na área já predeterminando os assuntos que devem ser trabalhados para a documentação geral.

2.2 A documentação enquanto registro do processo pedagógico em ação

É uma documentação específica que diz respeito à ação pedagógica do profissional do DC na área e é constituída dos seguintes tipos de registro:

— caderno de campo;

— relatórios de reuniões e ocorrências específicas;

— relatório de estudos iniciais sobre as características gerais da área;

— relatórios periódicos de apresentação e avaliação das ações desenvolvidas.

a) Caderno de campo

Trata-se de um caderno comum de anotações, onde se registram as ocorrências diárias ou periódicas resultantes das relações profissionais que se vão desenvolvendo na área. Registram-se também ocorrências que se dão fora da comunidade, embora pertinentes à sua vida. Nele, registra-se data e horário das ações relatadas, informes gerais sobre a área e sobre a realidade de participação da população.

Os informes gerais são os que dizem respeito a aspectos históricos, geográficos, econômicos, políticos e culturais da área, que aos poucos vão sendo revelados pela própria população.

Os informes sobre o processo de participação são aqueles que se colocam a partir dos interesses e preocupações que a população vai apresentando, revelando sobre eles a percepção existente, as atitudes tomadas, as alianças e articulações, os adversários, os objetivos já atingidos e a serem atingidos.

Exemplo de um relato registrado no caderno de campo:

**Data e horário
22-11-1984
14 às 18 h**

— Na fila do chafariz nos dirigimos às donas Francisca, Marina e Júlia, que logo abordaram a questão já reclamada por outros sobre a abertura do chafariz somente das 15 às 17 horas.

— Fátima, que tem agora dezoito anos, nos chamou para falar sobre sua contrariedade por estar grávida do terceiro filho, além de o marido ter trazido para ela cuidar o filho enjeitado da sua segunda mulher. A criança tem dois anos e mal consegue sentar-se.

— Pela terceira vez em uma semana, observamos que, à tarde, em pleno horário de trabalho, vários rapazes jogam pelada. O sr. Cícero e o sr. Domingos, que estavam sentados em frente à casa onde moram, disseram que os rapazes não têm onde trabalhar e que eles próprios já estão cansados de procurar trabalho e nada encontrar.

Realidade da participação

A percepção das mulheres do chafariz é que não se pode exigir nada — "essa terra aqui é dos homens, na hora que quiserem tirar nós daqui, nós tem que sair". "Já foi uma graça muito grande conseguir essa água, mesmo pouca. Só Deus sabe, o que fazer para melhorar essa vida".

— "A gente jogando vai ganhar do time X. Trabaio não vai se arranjar mesmo..." "Eu mesmo sei que um dia vou ser rico ganhando na Esportiva."

— As tarefas previstas para esta data à noite ficaram para a próxima semana, uma vez que o sr. Antonio teve de fazer "extra" no trabalho, o sr. Odilon ficou doente e o sr. José deixou recado dizendo que era melhor transferir o encontro a fim de aguardar a presença dos companheiros.

É a partir dos relatos informais que vão sendo registrados no caderno de campo que se tem material para os relatórios de caracterização geral da área e também para aqueles de apresentação e avaliação das ações desenvolvidas.

b) Relatórios de reuniões e ocorrências específicas

Este relatório se caracteriza como um registro sistemático dos preparativos da ação pedagógica a ser desenvolvida em reuniões, encontros determinados e entrevistas. O relatório registra os preparativos, o desenvolvimento e as novas propostas de ação para continuidade dos trabalhos.

Tendo em vista as exigências contínuas da ação profissional, esses relatórios devem ser o mais possível simplificados.

A sistemática de relatórios que temos adotado para reuniões e ocorrências específicas comporta o registro anterior de alguns elementos.

Para facilitar o andamento dos trabalhos, alguns formulários já ficam antecipadamente mimeografados. Nestes se colocam os itens considerados necessários à compreensão da dinâmica dos trabalhos, deixando espaço suficiente para ser preenchido de acordo com as particularidades próprias da ação desenvolvida.

Relatório de

Identificação
(Área ou grupo objeto da ação em desenvolvimento.)

Participantes previstos
(Participantes em função dos quais a reunião ou evento é projetado.)

Participantes presentes
(Participantes de fato presentes.)

Objetivo geral

(Resultados a serem alcançados tomando como referência os objetivos gerais da prática do DC na área.)

Objetivo específico

(Resultados a serem alcançados tomando como base os interesses e preocupações imediatas da população.)

Pauta ou programa da reunião

(Esquema indicativo de todos os passos previstos, para o desenrolar da reunião, tendo em vista alcançar os objetivos propostos.)

(*Observação*: Até aqui, a não ser a referência aos participantes presentes, todos os demais itens já devem estar relatados antes da reunião ou do desenvolvimento propriamente dito das ações previstas. A folha de relatório passa a ser a folha onde se prepara a reunião ou o evento. Só os itens que se seguem é que devem ser relatados após a ação. Com isso, facilitam-se e racionalizam-se os trabalhos de documentação do processo pedagógico.)

Desenvolvimento

(Sumário das ocorrências, tomando por base a pauta prevista. Sumário das ocorrências não previstas. Participantes que ajudaram e impulsionaram a reunião em função dos objetivos previstos. Modo e dinâmica das contribuições apresentadas. Participantes que impulsionaram a reunião em sentido contrário aos objetivos previstos.)

Observações

(São elementos acidentais, que podem não comportar no desenvolvimento da ação, mas cujo registro é importante para que se compreenda a dinâmica.)

Conclusões e parecer profissional

(Conclusões e propostas dos participantes quanto à continuidade das ações. Parecer do profissional quanto aos aspectos de conscientização, organização e capacitação da população participante ante a realidade objeto dos trabalhos. Proposta do profissional no sentido de ampliar e desenvolver o processo de participação existente.)

Exemplo de relatório:

Relatório de reunião (1ª reunião com a população adulta).

Identificação:
Moradores da área X.

Data:
14-6-1984.

Local:
Rua principal em frente à casa de DM.

Participantes previstos:
Moradores da área (cerca de cem famílias).

Objetivo geral:
Apreender o interesse da população quanto a um trabalho a ser organizado na área em torno de interesses e preocupações coletivas aí existentes.

Objetivo específico:
— Apresentar a equipe e os trabalhos até então desenvolvidos na área com crianças adolescentes e dar informes sobre histórias de vida colhidas na área.
— Consultar a população adulta quanto ao interesse em participar também de algumas ações que respondam às suas preocupações quanto à área onde mora.

Pauta da reunião:
— Saudar e apresentar a equipe à população.

— Informar sobre os trabalhos já em desenvolvimento na área, utilizando para isto a documentação existente através de *slides*.

— Retomar alguns depoimentos de histórias de vida, colhidos através de entrevistas, que denotem a força da população ante algumas tentativas de expulsão.

— Discutir com a população o interesse existente em retomar as lutas antes iniciadas, trabalhando com a equipe as questões atuais da área.

— Estimular o debate e também comentários esclarecedores sobre os elementos apresentados.

— Concluir os debates, sumariando as opiniões apresentadas e os caminhos a seguir.

(***Observação***: ao iniciar a reunião, o relatório já vai elaborado até o item que contém a "pauta" da mesma.)

Desenvolvimento da reunião:

A reunião teve início aproximadamente às 19h30min, contando com grande número de crianças e 45 adultos.

A pauta se desenvolveu conforme o previsto. A apresentação dos *slides* causou grande entusiasmo, por verem a própria área, as suas casas, os filhos, sendo este quase um momento de tumulto, pois cada um queria identificar sua casa, filhos etc. A euforia, uma vez acalmada, serviu para criar ambiente de muito interesse nos participantes em geral. Não deixou de haver, porém, situações de gozação e deboche que, em alguns momentos, quase dispersaram a população presente.

Sendo uma primeira reunião com a população adulta, não se tinha condição de identificar os presentes pelo nome; uma vez lançada a consulta e colocadas para a população as preocupações da equipe na área, o primeiro a pedir a palavra foi um senhor de idade. Para ele não se tinha nada a dizer, uma vez que aquela área era do governo e, portanto, as dificuldades eram da própria situação vivida. Precisava-se de tudo na área, mas nada se podia fazer, pois o terreno era do governo. O comentário feito se prolongou e passou a ser intermitente durante toda a reunião. Perguntado se esta era a opinião de todos os presentes, um outro senhor jovem pediu a palavra para dizer que sua preocupação maior, no momento, era um dedo machucado. Os risos e os comentários paralelos provocados perturbaram o clima inicial. O profissional retomou os objetivos da reunião, esclareceu que os interesses e preocupações a serem discutidos deveriam ser aqueles coletivos comuns a todos que moravam na área e, mais uma vez, questionou os presentes sobre a consulta que fizera. Nesse momento, um senhor me pediu em voz baixa para não se levar em conta o que fora dito antes, pois o primeiro debatedor estava bêbado e o segundo era um gozador. Uma senhora, então, pediu a palavra e falou alto, dizendo que, dado o conhecimento que já tinha da equipe, sabia que se tratava de coisa séria e, por isso, a sua opinião era de que aceitaria reunir-se para pensar melhor sobre as questões da área. Após essa opinião, várias outras se sucederam, partindo sempre de referências à presença da equipe na área, desenvolvendo as crianças e adolescentes através de reuniões e discussões todos os sábados, que de fato só tinham a ajudar a todos. Alguns fizeram referência ao fato de a equipe estar há mais de um ano na área, ajudando as famílias através dos filhos, sem que lhes pedissem votos ou outra coisa qualquer, e também ir à área sem promessas, que nunca são cumpridas. Após várias discussões dessa natureza, as manifestações, em geral, apontavam a aceitação dos adultos por um trabalho de organização comunitária. Sumariando as discussões foi perguntado aos presentes se essa compreensão era verdadeira e os presentes levantaram a mão dizendo *sim*. Em face da aceitação, ficou combinada a próxima reunião, tendo como objetivo discutir os interesses e preocupações principais da população.

Conclusão e parecer profissional:

Uma primeira reunião traz muito poucos elementos representativos da realidade participativa da população. Percebe-se, no entanto, a sua insegurança em permanecer numa área que é do poder público. Muitos faziam gestos de aprovação ao senhor que dizia ser a área do governo e, por isso, nada ter a fazer. Outros mudaram de opinião ao sentir que alguns eram favoráveis a uma ação para melhorar a área. Apreender de modo mais objetivo a realidade de consciência da população quanto a este aspecto, assim como suas predisposições para uma ação em função dos problemas da área passa a ser condição necessária para que se possa orientar e dar continuidade aos trabalhos. Essa deve ser, pois, a diretriz mostradora do próximo encontro.

Relatório de reunião (2ª):

Identificação:
Moradores da área X.

Data:
21-6-1984.

Local:
Rua principal, em frente à casa de DM.

Horário:
19 horas.

Participantes previstos:
Moradores da área.

Participantes presentes:
48.

Objetivo geral:
— Apreender os interesses e preocupações da população na área, assim como sua realidade de conscientização e organização ante os mesmos.

Objetivo específico:
— Identificar com a população as preocupações principais que afetam o seu cotidiano.

Pauta da reunião:

— Retomar, sucintamente, a dinâmica e a conclusão da reunião anterior.

— Trabalhar em pequenos grupos a seguinte questão: quais as preocupações principais que afetam a população nesta área?

— Visualizar as respostas dos grupos, escrevendo-as com letras grandes em folhas duplas de papel, dispostas em armação própria de álbum seriado.

— Discutir as respostas e o como fazer ante as questões apresentadas.

Desenvolvimento:

Ao retomar a reunião anterior e colocar os objetivos da presente, mais uma vez algumas lutas já empreendidas pela população, quando da invasão da área, foram realçadas pelo coordenador. Neste momento, o sr. Manoel disse que, realmente, temia alguma posição forte do governo no sentido de afastá-los da área. Outros falaram também sobre o assunto, dizendo que o governo tinha planos de fazer da área uma praça ou um hotel. Ante estes depoimentos, o coordenador interrogou a população quanto à opinião que tinha sobre essas finalidades reservadas para a área e quanto à finalidade que eles próprios haviam dado. Carmelita e Maria foram as que tomaram posições mais decisivas sobre o assunto, sendo apoiadas pela maioria. Para elas, é importante continuar na área porque têm fácil acesso a transporte; porque em geral não se tem dinheiro para comprar, nem para alugar outras casas; e porque temem que alguma solução de mudança dada pela Cohab implique pagar mensalidades e outras taxas. Ela e os companheiros, em geral, não têm dinheiro para isso. Mais uma vez, alguns depoimentos de resistência já vivenciados e falados por alguns moradores foram lembrados pelo coordenador, no sentido de lembrar que, se já havia uma experiência, podiam contar com ela para pensar também que posições tomar em relação à permanência na área. O sr. Manoel voltou a falar, dizendo que o problema principal da área era a falta de alinhamento das ruas, uma vez que os barracos foram feitos desordenadamente. "Às vezes, quando a muié lava prato a água escorre pelo barraco vizinho. Uns barracos têm de sair do lugar.". Dona Maria toma a palavra e diz que o problema principal é água e luz. Sugerimos então, para dar oportunidade de todos falarem, que os presentes se dividissem em alguns pequenos grupos para discutir as preocupações básicas da área. Falta de água, luz, esgoto, saneamento, lixeira, alinhamento das ruas, melhoria dos barracos e união entre os moradores foram os problemas levantados pelos grupos em suas discussões.

Diante dos problemas apresentados, o coordenador sugeriu que os grupos voltassem a discutir a preocupação mais urgente, pois seria difícil trabalhar todas as preocupações apresentadas de uma só vez. Divididos em grupos, um apresentou como necessidade primeira a água; os demais, o alinhamento das ruas e melhoria dos barracos. Após o resultado, já algumas discussões foram iniciadas sobre questões a serem enfrentadas a fim de poder levar adiante um encaminhamento para o problema discutido. Este ficou sendo o objetivo da próxima reunião, a ser realizada no mesmo local e hora. O sr. M., sr. G., sr. Go., sr. L., dona C. e dona M. destacaram-se no decorrer de toda a reunião através de depoimentos e discussões.

Conclusão e parecer profissional:

A população, de certo modo, já tem uma opinião formada sobre as facilidades e dificuldades de permanência na área. As opiniões, no entanto, têm caráter mais individual que coletivo, apesar de apresentarem aspectos comuns. Observa-se também que muitos moradores não participaram das lutas iniciais. Alguns destes aparentam inclusive ser estranhos aos demais. Três aspectos precisam ser trabalhados:

a) a questão da consciência da população quanto à sua posição na área e posições a assumir ante a mesma;

b) a questão da consciência individual dos problemas, quando estes têm caráter coletivo;

c) a realidade da aparente indiferença entre moradores antigos e novos.

c) Relatório geral de estudos iniciais sobre as características gerais da área

Os primeiros estudos sobre a realidade comunitária têm, em geral, um caráter exploratório, com os seguintes objetivos: ter uma caracterização geral da área, situar exploratoriamente os interesses e preocupações básicos apresentados pela população e identificar alguns indivíduos e grupos que passam a ser ponto de apoio para o desenrolar das relações do profissional com a comunidade. É a partir desse momento inicial que o profissional passa a ter elementos para pensar de forma mais objetiva suas hipóteses de trabalho em função da área.

O relatório geral de estudos iniciais sobre a área é o registro sistemático das suas características gerais, interesses e preocupações da população, assim como dos indivíduos e grupos que vão se constituindo pontos de apoio para o desenrolar dos trabalhos. Ele supõe, primeiro, um parecer do profissional sobre a realidade social comunitária em suas características de totalidade, e também uma primeira hipótese geral de trabalho. Este relatório é elaborado tomando por base os registros do caderno de campo e dos relatórios de reuniões e ocorrências específicas. Deve ser elaborado de acordo com alguns itens que ajudem a expressar a realidade global da área. Nesse sentido, apresenta-se como sugestão o seguinte roteiro:

I. Identificação da comunidade

1. Nome.
2. Localização.
3. Número de habitantes.
4. Aspectos físicos (características físicas, limites, relação de distância com o centro etc.).
5. Aspectos históricos (forma de exploração e apropriação inicial da área enquanto espaço de moradia, dinâmica sócio-histórica da área).

II. Característica econômica da área

1. O que produz economicamente e como produz.
2. Ocupações principais da população, condições e relações de trabalho presentes a estas ocupações.
3. Destinação dos produtos do trabalho — a quem se destinam — mecanismos de intermediação entre quem produz e quem consome.

III. Característica política da área

1. Relações formais de poder (instituições públicas e privadas existentes — formas de poder que desempenham junto à população).
2. Relações informais de poder (lideranças, grupos e agrupamentos, formas de poder que desempenham junto à população).

IV. Características culturais da comunidade

1. Interesses e preocupações principais apresentados pela população — formas de pensar da população ante tais interesses, dificuldades e bloqueios que impedem a sua realização, relações de causalidade existentes e atitudes tomadas ante eles.
2. Formas de expressão cultural — valores, crenças, manifestações culturais etc.

V. Processo de relações profissional/comunidade até então desenvolvido

1. População alvo das relações pedagógicas, representatividade da população ante a globalidade da população comunitária.
2. Dinâmica das relações profissionais com a comunidade — estratégias, instrumentos e técnicas utilizados.

VI. Parecer profissional

1. Sumário dos interesses e preocupações apresentados pela comunidade, interpretações e atitudes diante deles.

2. Interpretação profissional da realidade de conscientização, organização e capacitação da comunidade, tomando por base os interesses e preocupações apresentados e suas formas de agir em relação a eles.
3. Perspectivas de ação do profissional ante a realidade de participação comunitária detectada, perspectiva de ampliação das ações de novas articulações junto à população.
4. Relatórios periódicos de apresentação e avaliação das ações. A realidade comunitária precisa não só ser identificada exploratoriamente, mas também interpretada, compreendida e transformada. Os relatórios periódicos registram a dinâmica das ações que vão sendo desenvolvidas na área.

Os relatórios periódicos são importantes não só por registrarem globalmente o processo de DC, mas também por possibilitarem as avaliações contínuas a partir das quais se elaboram as novas propostas de ação que passam a orientar o referido processo. Mais uma vez, o caderno de campo e os relatórios de ocorrências específicas servem de base a esse relato de dinâmica mais globalizante. Esses relatórios podem ser semestrais, anuais ou de acordo com as exigências da dinâmica dos trabalhos em desenvolvimento. Como sugestão, apresentam-se os seguintes elementos para sua elaboração.

I. Identificação da comunidade.

II. Período de trabalho a ser relatado.

III. Introdução. (Sumário do processo anterior de trabalho. Os dados do parecer profissional apresentados no relatório geral de caracterização da comunidade podem ser retomados.)

IV. Objetivos do trabalho desenvolvido.

V. Estratégias orientadoras do trabalho.

VI. Desenvolvimento das ações (apresentar o desenvolvimento das ações, tomando por base as estratégias propostas).

VII. Avaliação (avaliação das ações sob o ponto de vista da comunidade e sob o ponto de vista do profissional).

VIII. Parecer profissional (quanto às definições e redefinições que deverão orientar a continuidade dos trabalhos).

A preocupação presente em todo o processo pedagógico de documentação é que o esforço do relato é também um esforço de reflexão e avaliação das ações. A própria dinâmica do relato não é só um esforço para sua sistematização, mas também para sistematização da prática e de redefinição teórica das suas bases.

3. Abordagem

É através do processo de abordagem que o profissional desenvolve suas relações com a comunidade.

Abordar, como o próprio termo já indica, significa achegar-se, aproximar-se. A abordagem é o próprio ato de abordar. A sua importância está no chamar a atenção para o ato de achegar-se ou aproximar-se da população. Este ato pode revelar diferentes tendências e objetivos e, como tal, marca decisivamente o desenrolar do processo.

Uma tendência da abordagem profissional é o achegar-se ou o aproximar-se da população revelando *autoritarismo e intimidação*, não só através da palavra, mas também de gestos e atitudes autoritárias e discriminatórias.

Outra tendência é o achegar-se *revelando-se incapaz* de transmitir alguma mensagem, *revelando insegurança e subserviência*. Esta tendência se revela através do meio, da timidez, da desconfiança, enfim, do não saber se expressar perante a população. O profissional passa para a população a sensação de que a sua presença e a sua ação na área não merecem valorização nem confiança.

Uma terceira tendência é o achegar-se tentando uma relação de cooperação. *Mostrando autoridade sem autoritarismo* no que diz e no que faz; *despertando interesse e curiosidade na população; deixando e levando elementos de interesse; deixando e levando indagações* e, como tal, despertando interesse para novos encontros e ações conjuntas.

Abordagem é um processo aparentemente simples. No entanto, marca o desenrolar de todo um conjunto de ações pelo que consegue expressar, sobretudo no seu início. A postura do profissional, o tom da voz amedrontado ou, contrariamente, arrogante, a relação formalizada, hierarquizada ou, contrariamente, espontaneísta e populista, impossibilitam o desenrolar de um processo cuja pretensão é o desenvolvimento e a participação da população. O descobrimento, a troca e a cooperação são indicativos de um processo pedagógico que se pretende como resposta aos problemas fundamentais da população usuária.

Chama-se a atenção para a abordagem, sobretudo no início dos trabalhos, uma vez que é a partir daí que a população passa a valorizar ou não o processo de DC e passa a reproduzir ou não a própria dinâmica maior da sociedade.

Apesar de cada abordagem assumir forma própria a partir do contexto específico de cada realidade particular, alguns princípios podem ser observados e trabalhados no seu desenrolar:

1. Partir da realidade específica da população sem, no entanto, perder de vista a existência de um objetivo maior a ser atingido.
2. Clareza quanto ao que se pretende atingir no processo imediato das ações em desenvolvimento, assim como no seu processo mais global e remoto.
3. Coerência entre realidade da população, processo pedagógico em ação e objetivos a serem atingidos.
4. Desenvolvimento de um relacionamento de troca e cooperação capaz de articular as ações necessárias ao desenvolvimento comunitário.

4. Observação

A observação é também um recurso utilizado durante o processo pedagógico do DC. Independentemente de uma abordagem que interpele diretamente a população, pode-se obter elementos de compreensão da sua realidade através da técnica de observação.

Como nos demais instrumentos e técnicas, a observação requer que o profissional tenha clareza e segurança quanto aos objetivos que pretende alcançar através do seu relacionamento profissional na área e quanto aos objetivos próprios a cada momento de trabalho em desenvolvimento.

A observação consiste na ação de perceber, tomar conhecimento de um fato ou acontecimento que ajude a explicar a compreensão da realidade objeto do trabalho e, como tal, encontrar os caminhos necessários aos objetivos a serem alcançados. É um processo mental e, ao mesmo tempo, técnico.

Como processo técnico, a observação supõe algumas exigências:

- **especificação**: o que vamos observar;
- **quantificação**: que tipo de mensuração é possível detectar nos fenômenos observados;
- **objetividade**: qual a significação dos fenômenos observados; embora sejam observados em sua aparência, a sua objetividade, no entanto, está além dela.

A observação, como recurso técnico do DC, tem como objeto o próprio cotidiano da população, as suas relações formais e informais e o seu modo de agir.

5. Diálogo e entrevista

O confronto do profissional do DC com a população vai supor uma abordagem prolongada que requer algumas condições que estão além do que se pode chamar de abordagem. O diálogo e a entrevista respondem por algumas destas condições, colocando-se, portanto, como um instrumental básico desse processo pedagógico.

Para muitos profissionais, as suas relações com a população comunitária são mediatizadas pelo diálogo e não pela entrevista, uma vez que esta é ato "formal, autoritário e não indicativo de uma prática de transformação". Quando se procura saber desses profissionais o que é o diálogo, disseram que é uma conversa com a população. Nesse sentido, percebe-se que uma aparente valorização do diálogo termina por desvalorizá-lo e minimizá-lo. O diálogo tem-se transformado em chavão e, como tal, numa palavra vazia de sentido. Por isso é que se chama a atenção para a compreensão devida do diálogo enquanto recurso pedagógico.

O diálogo tem sua formulação maior nas ideias e práticas do educador brasileiro Paulo Freire (1979) que no seu livro *Pedagogia do oprimido* dedicou um capítulo ao assunto. Nos seus demais escritos, estas explicitações continuam à medida que outros temas necessários a uma compreensão maior da natureza dos fundamentos e dos condicionamentos do diálogo são abordados.

O diálogo, segundo Paulo Freire, é a palavra que se deriva do encontro dos homens mediatizados pelo mundo para pronunciá-lo, não se esgotando, portanto, na relação eu/tu. Para ele, a palavra é algo mais que um meio, porque nela há duas dimensões: a reflexão e a ação. Quando se exclusiva a ação, com sacrifício da reflexão, tem-se o ativismo. Quando se exclusiva a reflexão em sacrifício da ação, tem-se o verbalismo.

Aspecto muito importante do diálogo é que não se pode reduzi-lo a um ato de depositar ideias a serem consumidas pelos permutantes; não é também discussão aguerrida entre os que não desejam comprometer-se com a pronúncia do mundo, nem com a busca da verdade, mas com o impor da sua própria posição. Se não amo o mundo, a vida, os homens, não me é possível dialogar, diz Paulo Freire.

Para o grande educador brasileiro, a dialogicidade começa não quando o educador/educando se encontra com os educandos, mas quando se perguntam em torno do que vão dialogar. Nosso papel é falar ao povo sobre a sua e a nossa visão de mundo. O conteúdo programático da ação é eleito pelo povo e pelo educador/educando. É na realidade mediatizada, na consciência que dela tenhamos, educadores e povo, que iremos buscar o que inaugurar no diálogo.

O diálogo é, sobretudo, uma pedagogia do compromisso de estar a serviço dos interesses e preocupações das camadas populares; por isso, supõe assumir conscientemente uma posição em relação ao mundo e suas possibilidades de transformações.

Uma conversa qualquer com a população comunitária não pode, portanto, ser assumida como um processo de diálogo, o qual só é possível a partir de um compromisso consciente do profissional.

A pedagogia do diálogo supõe algumas condições:

— a apreensão do universo vocabular da população;
— comunicação levando em conta o universo vocabular da população;
— compreensão do universo de comunicação não verbal da população;
— ordenação e relação dos códigos verbais de comunicação da população comunitária;
— apreensão dos interesses e preocupações principais da população ou temática central de ação;
— decodificação das exigências de reflexão e ação centradas na temática central.

Numa ação comprometida, é difícil distinguir diálogo e entrevista, uma vez que ambos podem assumir os mesmos propósitos. À primeira vista alguns veem a não diretividade como diferença entre o diálogo e a entrevista. Esta diferença se esgota, no entanto, ao se considerar a não diretividade também como uma das modalidades da entrevista. A questão fundamental do diálogo não está na forma, mas no compromisso com o homem e com o mundo em termos de sua transformação, exigindo, por conseguinte, de competência em função desse compromisso. O diálogo é reflexão e ação, porque o diálogo é compromisso. Nesse nível, contudo, o diálogo e a entrevista tanto podem se encontrar como se distanciar.

Em algumas situações, a entrevista é básica como recurso do DC. Essa técnica, no entanto, muitas vezes se reduz a mero instrumento formal de coleta de dados. Como tal, o processo educativo de troca e cooperação é deixado de lado. O privilégio da forma faz com que muitos elementos de compreensão da realidade da população sejam deixados de lado ou reorientados e reconduzidos de modo a assumirem a mecânica da formalidade preestabelecida.

A entrevista destina-se a colher informações implementadoras e dinamizadoras do próprio processo de diálogo. Já este estimula o desencadear do processo educativo, mobilizando indivíduos e grupos através da troca de informações.

A entrevista é uma conversa entre duas ou mais pessoas com o objetivo de compreender, identificar ou constatar uma situação determinada.

A entrevista no DC implica que os resultados apreendidos sejam colocados a serviço do desencadear desse processo; tem fins operacionais, portanto. Como técnica, supõe condições preparatórias e condições de desenvolvimento.

a) Condições preparatórias:

1. definir os objetivos da entrevista, tomando por base o contexto imediato da prática e os propósitos do processo pedagógico do DC;
2. selecionar os pontos básicos da entrevista, de modo a responder aos objetivos previstos;
3. ter clareza quanto aos indivíduos e grupos a serem entrevistados, tomando por base os objetivos a serem alcançados;
4. definir o local possível da entrevista.

b) Condições para o desenvolvimento da entrevista:

1. apresentar-se e apresentar os objetivos da entrevista;
2. utilizar, sempre que possível, as situações de contexto como instrumento inicial da abordagem, como meio de tornar a entrevista mais dinâmica;
3. desenvolver os pontos básicos da entrevista, modificando a ordem, se necessário, e criando condições para que os objetivos sejam alcançados;

4. aprofundar a abordagem dos fatos e acontecimentos não previstos, mas que se mostram importantes para a realização dos objetivos, da entrevista e do processo do DC;

5. criar ambiente favorável à continuidade do relacionamento profissional através de outras tendências de operacionalização do processo de DC.

Tanto a entrevista como o diálogo supõem:

— clareza e compreensão quanto ao processo pedagógico a ser desencadeado;
— clareza e compreensão quanto aos objetivos mediatos e imediatos da ação.

6. Reunião

A reunião é um recurso tão fundamental ao processo de DC que, por vezes, os demais instrumentos e técnicas, apesar de utilizados, não chegam a se fazer presentes nas considerações de análise e avaliação dos recursos utilizados aqui.

A reunião é instrumento coletivo de reflexão sobre as necessidades, preocupações e interesses comunitários, assim como de organização e ação.

Enquanto instrumento técnico, supõe algumas condições:

1. que tenha objetivos claros;
2. que se adote agenda sugestiva;
3. que seja oportuna;
4. que se adote uma coordenação democrática e participativa.

(Os elementos sumariados sobre a técnica de reunião em DC são retirados basicamente da apostila *Reuniões*, da professora Helena Iracy Junqueira. Curso de Serviço Social da Comunidade, Escola de S.S. de São Paulo, 1954.)

6.1 Que tenha objetivos claros

Tais palavras querem referir-se, sobretudo, à população envolvida no processo. Não adianta ser objetivo e claro para o profissional se for inacessível à população.

Quanto à clareza dos objetivos, tem-se ainda a considerar que a reunião é parte e meio de realização de um processo mais amplo. Nesse sentido, o objetivo deve ser coerente com ele. Dentro da ordenação do plano geral dos trabalhos, a reunião deve, pois, observar um objetivo mais geral e um objetivo mais específico e imediato a atingir.

O objetivo geral diz respeito às condições gerais de desenvolvimento e participação a serem exercitadas pela população. Já os objetivos específicos dizem respeito às ações concretas a serem desenvolvidas em função de tal exercício e, como tal, em função das exigências de enfrentamento dos interesses e preocupações existentes.

6.2 Que se adote uma agenda sugestiva

A dinâmica pedagógica a ser trabalhada pelo profissional requer habilidades no processo de comunicação, relacionamento e dinâmica participativa. Nesse sentido, o objetivo de uma reunião em DC nunca se resume à realização de uma tarefa. Ao contrário, a realização dessa tarefa deve ser meio de exercício da população no sentido de refletir o seu cotidiano, suas condições de enfrentamento e suas exigências de articulação com outros meios de enfrentamento da realidade social. Adotar agenda sugestiva, pois, não significa pensar um esquema operacional envolvente e convincente para a realização de uma tarefa, mas pensar um meio de estimular o debate sobre a realidade cotidiana a partir da tarefa a ser executada na reunião, e estimular e exercitar a participação e a própria avaliação da população quanto à sua realidade social. Assim, adotar uma agenda sugestiva exige um pensar objetivo e sistemático sobre os passos necessários ao desenvolvimento da reunião.

6.3 Que seja oportuna

Realizar uma reunião não deve depender simplesmente do querer profissional. É importante que se discuta sobre a oportunidade ou não dela com as pessoas envolvidas. Por vezes, um acontecimento na área torna a reunião inoportuna, ou também o horário programado, a data etc. Tem-se ainda a considerar que alguns objetivos requerem certos processos anteriores de relacionamento do profissional na área, sob pena da reunião reduzir-se a um mero ato formal.

Um profissional que não conhece a comunidade, e chega de repente na área e promove uma reunião para saber quais os problemas ali existentes, está fadado a ter respostas formais e inclusive a não ter participantes em uma próxima reunião. Isto porque esse tipo de reunião passou a ser rotina para a população e ela sabe perfeitamente que não traz respostas para as suas questões fundamentais.

6.4 Que se adote uma coordenação democrática e participativa

Se o objetivo da reunião não deve reduzir-se à realização de uma tarefa, mas deve ser sobretudo um exercício ampliado de participação, então o profissional deve ajudar o pessoal ou grupo encarregado da coordenação a conduzir a reunião de modo a facilitar esse exercício. Nesse sentido, deve ainda buscar recursos de reflexão e ação que o ajudem.

6.5 Que deixe campo aberto para novas reuniões

A reunião não é uma prática em si mesma. Através dela, impulsiona-se um processo maior que é o DC. Esse processo requer um número de reuniões previsíveis dentro dos limites das ações que se vão desenvolvendo. É, pois, dentro desses limites que se pode prever a necessidade de reuniões subsequentes, que devem ser definidas pela própria população. Uma reunião, assim, nunca se encerra sem a definição de propósitos de ação a serem continuados. A reunião é o lugar da reflexão do planejamento e da avaliação. Muitas outras ações vão ser desenvolvidas por meio de outras estratégias e com o auxílio de outros instrumentos e técnicas, que podem ser previstos na própria reunião.

7. Palestra

A palestra é um recurso utilizado no DC, mas que tem sido alvo de muitas controvérsias. Estas dizem respeito sobretudo ao modo indiscriminado e autoritário com que ela é utilizada. Muitos profissionais, sem nenhum propósito de trabalho, usam a palestra para preencher seu tempo e assim justificar-se funcionalmente. Tais palestras são pensadas a partir de comemorações usuais que se fazem no decorrer do ano civil. Nesse sentido, fazem-se palestras sobre o Dia das Mães, Dia do Trabalho, Dia da Pátria etc. Quando falta comemoração, fazem-se palestras sobre relacionamento na família, na sociedade, nutrição etc. Estas, em geral, se colocam como um exercício ritual de comparecimento, segundo exigências de algum programa institucional de prestação de serviços. O povo procura e recebe algum benefício, mas o usuário é obrigado a submeter-se a alguma exigência. É em função destas que muitos grupos comunitários suportam várias palestras que, em geral, se tornam mais um desrespeito aos seus interesses e preocupações básicas.

O uso comumente inadequado da palestra não autoriza, no entanto, uma desconsideração quanto a sua importância no processo de DC.

Em determinados momentos, a própria condução do processo de DC requer que a população tenha informação sobre um assunto específico ou maiores informações sobre outros de natureza complexa. Sobre tais assuntos, é importante que algum especialista ou o próprio profissional, de conformidade com a sua competência, apresente as informações básicas necessárias sob forma de palestra, podendo também ser ajudado por outros recursos.

> As questões técnicas exigem, sem dúvida, um conhecimento especializado que só se adquire mediante anos de estudo sistematizado e de experiência prática. Mas isso não quer dizer que seja impossível transmitir a pessoas leigas as noções básicas desses conhecimentos. Tendo essas noções básicas, as pessoas leigas no assunto estão em perfeitas condições para tomar decisões em relação a questões técnicas (Sampaio, 1982, p. 61).

Para Plínio A. Sampaio, muitas reivindicações dos moradores se referem a problemas complicados, que os moradores não conhecem. A solução destes envolve questões técnicas, jurídicas e políticas. Ora, nestas situações a palestra se torna instrumento importante na condução do processo.

Palestra é o ato de reunir pessoas objetivando a transmissão de informações que contribuam para a reflexão de algum tema de interesse dessas pessoas, para aclarar situações dúbias, ou ajudar a decidir sobre novas formas de ação relativas à vida social e de trabalho desta população.

A palestra se desenvolve tomando como referência quatro momentos básicos:

Introdução — é o ato de iniciar e chamar a atenção do público para a importância do tema a ser tratado. Pedagogicamente deve-se partir dos interesses que motivaram a realização da palestra. Deve-se relacionar o assunto com esses interesses, fazendo referências a fatos e acontecimentos conhecidos e vividos pela população.

Conteúdo — desenvolver o tema de modo a dar ao público os elementos de que necessita para pensar e decidir sobre suas necessidades e reivindicações. Usar palavras simples, fazer comparações, citar exemplos, usar recursos visuais, se possível. Antes de concluir, fazer resumo da palestra, realçando a mensagem principal.

Debates — colocar-se à disposição para a discussão do tema. Se houver dificuldades da parte do público, deve-se insinuar alguns questionamentos; relacionar sempre os elementos do debate com os objetivos e motivos que determinaram a palestra.

Encerramento — colocar-se à disposição dos participantes para outras reflexões e debates.

Observações importantes sobre a palestra:
— Toda palestra deve responder a dada preocupação ou interesse. Nunca realizá-la sem a clareza necessária quanto ao objetivo a ser atingido pela população.
— Estar seguro de que os participantes estão devidamente informados quanto a local e hora.
— Chegar antes do horário previsto e preparar o ambiente. A ambiência física é importante.
— Ilustrar a palestra com recursos audiovisuais sem, contudo, fazer deles um fim em si mesmos.
— Situar a palestra no processo geral de desenvolvimento da população, tendo nela um meio para tal desenvolvimento.

8. Notícia

Por vezes, as lutas da população requerem um tipo de ação que envolve número maior de participantes e, assim, é necessário informar à população através de recursos de comunicação de maior alcance. É importante que o profissional ajude a população a redigir as notícias ou avisos, e, para tanto, é fundamental saber que a redação de uma notícia deve observar alguns critérios.

Notícia é uma informação breve, objetiva e impessoal sobre alguma coisa acontecida, que está acontecendo ou que está para acontecer.

A notícia requer brevidade e, nesse sentido, deve aparecer somente o mais importante do assunto. As regras comuns sobre elaboração de uma notícia recomendam frases curtas com um máximo de vinte palavras; recomenda-se também que os fatos sejam relatados sem interpretações pessoais.

A notícia deve ter título atrativo e atraente; deve ter introdução, que pode ser apresentada através de sumário, pergunta ou citação. O desenvolvimento é o conteúdo básico da notícia e, por fim, a conclusão, que deve ser um reforço daquilo que é o objetivo da notícia.

Apresenta-se, a seguir, alguns exemplos de assuntos divulgados por alto falante do bairro.

Notícia:

"Começou o saneamento do nosso bairro!
O caminhão do lixo voltou a passar e a limpeza do canal começará na próxima semana.
Agora companheiros, precisamos observar e avaliar como estes trabalhos serão desenvolvidos. Nossas reuniões continuam todas as quartas-feiras no mesmo horário e local".

Aviso:

"A poluição volta a invadir o bairro!
A Associação de Moradores convida os moradores em geral para uma reunião sobre o problema da poluição.
A reunião será na sede da Associação, sábado, dia 14, às 8 horas da noite. Precisamos de uma ação conjunta. Aguardamos você, companheiro!"

9. Carta circular

A carta circular é também recurso de comunicação usado no DC, sobretudo quando se quer explorar ou retomar acontecimento vivenciado pela comunidade para, a partir dele, articular alguns grupos de reflexão e ação. Tal acontecimento pode ser trabalhado como recurso inicial de desencadeamento das ações do DC na área, ou mesmo como meio de ampliação das ações e articulação de novos grupos.

A carta circular é um meio de comunicação que tem em vista divulgar uma informação simples. É limitada, mas tem vantagens no sentido de pôr em destaque a individualidade dos que a recebem e, por isso, pode ter maior penetração enquanto convite. Contém informação geral e simples, no entanto, se bem apresentada, pode transformar essa informação numa curiosidade e interesse para com os assuntos de natureza coletiva da área.

A carta circular supõe algumas preocupações em relação ao planejamento e em relação à sua própria elaboração.

Em relação ao planejamento: antes de escrever, defina seu público e escreva de acordo com o universo vocabular desse público; defina sua mensagem, o objetivo pretendido, evitando a abordagem de assuntos distintos.

Quanto à elaboração, chama-se a atenção para as possibilidades de ajudar a transmitir a mensagem através de recursos visuais. Neste sentido, além do texto, a carta deve ter outros requisitos:

a) **Cabeçalho** — Aqui se chama a atenção do leitor para o assunto a ser tratado. Nesse sentido, deve-se apresentar uma mensagem curta, sugestiva, desenhada em letras grandes.

b) **Ilustração** — A carta deve apresentar alguns recursos visuais que ajudem a fixar a mensagem.

c) **Equilíbrio** — Distribuir todo o conteúdo de modo a não confundir o leitor. Neste sentido a carta circular supõe preparação:

— marque no papel o lugar do cabeçalho e da ilustração;

— marque, por estimativa, a posição do texto;

— datilografe o texto;

— recorte a ilustração, cole no lugar devido e tire xerox ou passe para o estêncil.

O recurso visual é importante não só para a carta circular, mas também para ilustrar alguns textos básicos de estimulação das discussões e debates. Vejamos, portanto, alguns exemplos:

Aborto: Questão de Vida ou Morte

Prezada Amiga

Nas nossas conversas anteriores aqui, na comunidade, vimos que o problema do aborto está cada vez mais sério e grave. Mas o que fazer se o dinheiro não chega, emprego é difícil e os filhos aumentando?

Venha conversar sobre este assunto, e juntos veremos o que fazer. Compareça no Centro Social às 7:30 horas da noite no dia 24/05/86.

Abraços
Atenciosamente
Assistentes Sociais da Comunidade

Alecrim, 27 de maio de 1985

Companheiro,

    É preciso lutar por nossos direitos. Já tem três anos que a gente conseguiu um lugar de improviso pra construir nossas moradas. Agora é preciso lutar para regularizar, legalizar os lotes e outras coisas mais. Venha discutir este assunto e vamos ver o que fazer de agora em diante. O encontro para conversar sobre esses assuntos é em frente ao barraco do compadre Sebastião, quarta-feira às 7:30 da noite.

Manuel dos Santos e Geninho.

Centro Comunitário é lugar de luta

Campo Grande, 3 de outubro de 1985

Meu amigo,

Nosso Centro está cada vez mais vazio de pessoas e o bairro cada vez mais cheio de problemas. Estamos pensando em nos reunir para avaliar o porquê de tudo isso e o que fazer para melhorar. Sua presença é muito importante para que alguma coisa mude entre nós. Venha e traga seus amigos. A reunião é sábado às 7:30 da noite no Centro Comunitário.

Um abraço, conto com você.

Carlito
Presidente do Centro.

10. Recursos audiovisuais

Com o aperfeiçoamento contínuo das comunicações, as camadas populares devem buscar também os seus meios alternativos de comunicação. Esse é um aspecto a ser observado no exame da importância dos recursos audiovisuais.

Outro aspecto é que, contraditoriamente, a sua utilização em função da cultura de massa disseminada cotidianamente torna a população cada vez mais presa aos valores dominantes e alheia aos seus próprios.

Tanto em um como em outro aspecto, é importante considerar esses recursos na prática do DC.

Sobre a segunda consideração, em artigo publicado no jornal *O Estado de S. Paulo*, comenta-se um trabalho de Hélio Gama, dirigido à Escola Superior de Guerra, no qual ele fala sobre a vontade política e a direção dos povos:

"*A potencialidade de um noticiário de TV e a capacidade de formar opinião de um grande jornal valem mais que dezenas de anos de trabalho ideológico de um grande partido.*"

Com o que diz Hélio Gama, conclui-se que, contraditoriamente, o rádio e a televisão têm mais potencialidade política que um grande partido, ou mesmo que um partido pode ampliar consideravelmente sua potencialidade se tem em suas mãos os recursos da televisão e do jornal. Não se pode ignorar esta verdade e, desse modo, qualquer preocupação relacionada ao poder popular supõe necessariamente que se leve em conta os recursos de comunicação presentes ao seu exercício.

Recursos audiovisuais são recursos de comunicação, meios materiais para facilitar a comunicação e reflexão de assuntos determinados. O seu uso supõe uma certa sistemática daí a diferença entre *recursos e métodos audiovisuais*. O método é a sistemática de emprego dos referidos recursos. Esta sistemática se define a partir da compreensão da realidade objeto e objetivo da prática, assim como os princípios pedagógicos que a orientam.

No DC, os recursos audiovisuais aparecem como recurso pedagógico e também como objeto de reflexão em termos de indicador e referência para a análise do poder popular.

Como recurso pedagógico, os recursos audiovisuais podem ser classificados em três categorias distintas: oral, visual e escrita. Em geral essas três categorias se apresentam em conjunto. Por exemplo: a televisão, o cinema, o *slide*, o videocassete etc.

Em determinados contextos, uma questão importante a ser considerada é a da recuperação da própria fala do povo. O povo ficou por muito tempo impedido de falar, de dar opiniões sobre sua própria realidade. O uso dos recursos audiovisuais deve facilitar essa retomada, pois só a partir daí se tem objetivamente um pensar coletivo.

Os recursos audiovisuais não devem ser confundidos simplesmente com recursos de características eletrônicas. Nas áreas de moradia, é comum encontrar recursos importantes que podem facilitar a comunicação e estimular a própria fala e pensar do povo. *Cantadores, trovadores, poetas populares*, cuja temática é o cotidiano da população, podem tornar-se estímulo e fio condutor de muitos debates e reflexões.

As representações do cotidiano usadas nos cantos e trovas partem da linguagem do próprio povo. As poesias de Patativa do Assaré (poeta popular do Ceará), por exemplo, falam da realidade e a denunciam. Partir dos interesses e preocupações da comunidade é partir de interesses comumente falados entre a população. Como Patativa do Assaré, existem muitos poetas trovadores em várias localidades que falam sobretudo das preocupações de sua gente.

Ao trabalhar com os trovadores e poetas locais, é importante discutir a possibilidade de apresentarem aos comunitários mensagem que fale sobre as preocupações comuns da população da área. A mensagem deve apresentar-se num período de tempo curto, que deixe margem para as considerações discursivas a serem apresentadas pelos participantes dos trabalhos. Os participantes devem ser estimulados a discutir a mensagem, relacionando a ela as suas preocupações cotidianas e também apresentando outras situações. Essa dinâmica discursiva, que pode ser desencadeada a partir da fala de poetas, trovadores etc., pode ser um processo inicial de identificação dos interesses e preocupações da população, assim como meio de aprofundar a discussão de temas específicos já trabalhados, mas não problematizados. Para trabalhar a problematização, pode-se discutir, por exemplo:

— que questões estão envolvidas no assunto em discussão;

— como se relacionam estas questões;

— quais as causas fundamentais;

— historicamente, como surgiram estas causas.

Outro recurso importante, que contribui tanto para a identificação dos interesses e preocupações como para a problematização dos já identificados, são as gravações — entrevistas, depoimentos, poesias etc. Estas gravações, quando relatam a realidade e as experiências de outras áreas, ajudam a despertar a população para a sua própria realidade, assim como servem de confronto para pensar mais criticamente a realidade percebida. Podem ser trabalhadas como intercâmbio de experiências, como estímulo e força para a população que se organiza e também como meio de pensar articulações mais amplas, ultrapassando, por conseguinte, os limites da própria comunidade.

O *slide* e o videocassete são recursos já amplamente utilizados pelos próprios grupos populares. A importância de sua utilização está em responder a alguma exigência do processo pedagógico.

A questão que se coloca para os recursos audiovisuais é que, muitas vezes, o profissional os utiliza para preencher o tempo com a população, porque não sabe o que fazer nas reuniões. Quando isto acontece, tais recursos perdem o sentido como instrumento da ação pedagógica, e a população termina por perceber que a televisão é mais rica em motivações e, por isso, vai aos poucos se evadindo da programação do profissional ou da equipe de trabalho.

Dentro da dinâmica pedagógica, um único conjunto de *slides* sobre determinado tema pode servir de recurso para discussão em várias reuniões. Mas, também, pode ser que mais de um conjunto possa ser trabalhado em uma única reunião. É importante que os dirigentes dos trabalhos examinem antes e analisem como o recurso audiovisual deve ser trabalhado. É importante também que, mesmo decidindo-se pelo uso de *slides*, videocassete ou outras gravações durante várias reuniões, não se exclua a possibilidade de reforçar a temática com outros recursos, a fim de evitar a rotina que tanto dispersa a população, sobretudo no início dos trabalhos.

Todo e qualquer recurso audiovisual pode ser usado, levando em conta as seguintes diretrizes:

— levar a população a defrontar-se objetivamente com a sua realidade, pensá-la e exprimi-la;

— trabalhar a mensagem em termos de pensar o como fazer ante a realidade percebida;

— trabalhar a mensagem em termos de operacionalizar o como fazer.

Levando em conta estas diretrizes, a equipe dirigente dos trabalhos poderá pensar e equacionar o modo de conduzir o processo de reflexão/ação a ser trabalhado com a ajuda do recurso audiovisual.

Os recursos audiovisuais, uma vez trabalhados como recurso pedagógico, levam a própria população a pensar os seus canais alternativos de comunicação. Esses canais devem ser pensados como consequência do próprio desenvolvimento da população; como tal, deve ser um pensar próprio a esta população. É preciso, no entanto, que a população se informe e seja informada das possibilidades e experiências já existentes, a fim de ampliar as suas opções e condições de arregimentação de recursos. O jornal falado, o jornal mural, o jornal semanal são recursos de comunicação e hoje até mesmo o rádio está sendo experimentado como recurso alternativo de comunicação das camadas populares.

É importante frisar que os recursos falados anteriormente — carta circular, palestra, notícia etc. — são recursos audiovisuais e, como tais, seu uso segue as mesmas diretrizes pedagógicas.

11. Pesquisa-ação

A própria natureza do DC, enquanto ação que se desenvolve em função das preocupações e interesses da população com a qual se trabalha, fala sobre a importância básica da pesquisa-ação como processo de conhecimento, reflexão e ação sobre a realidade comunitária.

A pesquisa-ação é forma recente e dinâmica de pensar e conduzir o processo de pesquisa. Reflexões sobre a significação social das práticas de pesquisa condicionam a sistematização desta prática que só recentemente se vem tornando conhecida.

A pesquisa-ação se contrapõe à pesquisa convencional no que diz respeito ao trato da população comunitária como mera informante; contrapõe-se também a ela quanto aos objetivos que, em geral, se encerram na quantificação empírica da realidade social, desconhecendo os elementos fundamentais da sua dinâmica.

Na pesquisa-ação, a comunidade é sujeito e objeto de conhecimento. Ela está e é envolvida na pesquisa porque esta responde a seus interesses e preocupações. A identificação da realidade pesquisada se define em função dos encaminhamentos necessários de enfrentamento desta mesma realidade.

Uma característica básica da pesquisa-ação é que ela se coloca a serviço das camadas populares e supõe, destarte, compromisso consciente para com esta população por parte dos que se inserem em seu processo.

Segundo Thiollent (1985), pesquisa-ação

> é um tipo de pesquisa social com base empírica que é concebida e realizada em associação com uma ação ou com a resolução de um problema coletivo e no qual os pesquisadores e participantes da situação ou do problema estão envolvidos de modo cooperativo ou participativo.

Um aspecto a destacar na pesquisa-ação é que esta trata de questões de interesse coletivo. A coletividade interessada participa da formulação da questão, estuda e reflete numa perspectiva de superação dos problemas envolvidos. Este tipo de estudo e pesquisa não é recente, se bem que a sua sistematização só apareceu há pouco.

As condições de exploração das camadas populares despertam o interesse por alguns estudos, entre os quais se colocam os referentes à neutralidade científica. Os confrontos e reflexões sobre as formulações de caráter científico deixam claro que a exploração, em muitas situações, se revestem de características científicas e de neutralidade. É a partir destes estudos e reflexões que se descobre a pesquisa-ação como uma nova dimensão investigativa.

Carlos Brandão, exemplificando algumas formas pioneiras de pesquisa-ação, fala sobre a enquete operária de Marx, assim como do método de Paulo Freire:

> O questionário da enquete operária de Marx entre operários, que, mais do que coletar dados sobre a sua condição, era um exercício de fazê-los pensar, enquanto respondiam. Outro exemplo: o levantamento do universo vocabular no método de alfabetização de Paulo Freire que, já nos princípios da década de 1960, convocava a comunidade pesquisada a participar tanto da pesquisa quanto dos trabalhos da educação da população à qual os seus dados servia (Brandão, 1984, p. 222).

Como agir com base na pesquisa-ação: a pesquisa-ação pode surgir a partir de contatos e diálogos com a população, os quais podem denotar uma questão central para ela, tornando-se a população foco de interesse em torno da qual reflexões e ações passam a ser desenvolvidas.

A pesquisa-ação pode se iniciar também a partir de interesses já conhecidos da população. Neste sentido, discute-se com ela a significação social desses interesses e como equacionar o modo de conduzir à investigação necessária.

A pesquisa-ação também pode se iniciar em função da fundamentação e viabilização de determinados projetos já conhecidos e aceitos, porém, imprecisos como conhecimento objetivo da realidade.

Os caminhos iniciais de deflagração do processo de pesquisa-ação mostram que ele pode situar-se no desenrolar de dada ação, ou pode ser o meio de chegar a uma ação que passaria também a ser objeto de investigação.

Definidos os aspectos a serem investigados, as informações apreendidas são continuamente refletidas pela população interessada e redefinidas quanto à investigação e à ação. Estas informações são também classificadas e analisadas.

Diz Thiollent que, numa concepção de caráter mais instrumental do que crítica, a pesquisa-ação pode ser orientada para resolução de problemas com a participação de analistas e usuários. Neste caso, trata-se de trabalhar os seguintes elementos:

— identificar os problemas relevantes dentro da situação investigada;

— estruturar a investigação dos problemas;

— definir um programa de ação para a resolução dos problemas escolhidos como prioritários;

— acompanhar o resultado da ação através de diversos meios de controle;

— sistematizar os resultados obtidos.

A pesquisa-ação supõe um conjunto de reflexões sobre a temática representativa das preocupações e interesses da população. Tais reflexões assumem caráter educativo para o profissional e para a população.

O desenrolar do processo de pesquisa-ação supõe a utilização de uma série de técnicas. A entrevista, o questionário, a observação e o diálogo são técnicas que implicam reflexões individuais e grupais sobre a temática central da investigação/ação.

A reflexão/ação faz a dinâmica da pesquisa-ação passar necessariamente pela clarificação da temática central a ser investigada. Por sua vez, a clarificação supõe da população envolvida uma tomada de consciência do modo pelo qual ela analisa esta temática. É papel do pesquisador estimular o processo educativo presente à dinâmica da reflexão/ação, de modo a que a população chegue à gênese dos problemas indicados pela temática central.

A pesquisa-ação não abdica das condições de cientificidade necessárias ao conhecimento. A preocupação maior, aliás, dessa forma de pesquisa é, através da prática e da reflexão, chegar a condições mais claras e objetivas de conhecimento da realidade. Essa condição objetiva, no entanto, não se expressa pela quantificação empírica da realidade, nem por situações testadas em laboratórios, visto que a realidade social não pode ser confundida com uma realidade material.

Não se têm dúvidas de que a interpretação e mesmo a condução da pesquisa-ação não ficam isentas de contradições e antagonismos, daí a necessidade de criticidade e avaliações contínuas. As críticas quanto à não cientificidade da pesquisa-ação, no entanto, têm suas razões advindas de outras condições:

— o sentimento humanista que leva certas pessoas a estar ao lado dos pobres e oprimidos, porém de maneira ingênua, sem refletir a essência da realidade social e as exigências de transformação que ele requer. O estar com os pobres, desenvolvendo uma ou outra atividade, por vezes faz com que tais pessoas caracterizem suas atividades como pesquisa-ação;

— a característica ativista de certos profissionais, que não chegam sequer a refletir o que é pesquisa-ação, a sua proposta, suas implicações e exigências e, no entanto, definem suas atividades como sendo pesquisa-ação;

— a tendência comum em confundir a coleta de dados em função de uma ação qualquer ou mesmo de ação determinada com pesquisa-ação.

Estas e outras situações, traduzidas como pesquisa-ação, criam todo um conjunto de deformações que terminam por banalizar uma ação que é profundamente exigente em termos de condições e, sobretudo, de compromisso crítico para com as camadas populares.

Não se pretende ter esgotado o elenco de instrumentos e técnicas comumente usados na prática do DC. Os instrumentos e técnicas aqui apresentados e considerados devem simplesmente abrir caminhos para um conjunto de outros que possam estar a serviço do processo de desenvolvimento e participação da população usuária desta prática.

CAPÍTULO XII

Estruturas de apoio do DC

Como já discutimos em capítulos anteriores, a realização e ou coordenação de programas de DC a partir de instituições públicas e privadas é fato comum. Em face de tal situação, para alguns profissionais, falar em estruturas de apoio do DC é falar em coisas por demais óbvias, já que tais instituições são, em si, as estruturas mais fundamentais ao desenvolvimento desse processo. De fato, esse pensar é coerente com aquela concepção do DC que o considera como programa a ser executado em determinada área. Nele, a participação da população se dá na hora da execução. Não é coerente, contudo, com o pensar básico do presente trabalho e das práticas que se espera que ele estimule e ajude a desenvolver.

A participação, como exercício contínuo de poder das camadas populares, requer estruturas de apoio próprias a esse exercício e criadas a partir dele. Nesse sentido, mesmo que o DC seja estimulado e patrocinado por instituições públicas e/ou privadas externas à comunidade e, mesmo, internas a ela, é função básica do profissional contribuir para que a população trabalhe o seu processo de autonomização em termos de *saber* e *poder*. Daí que as estruturas de apoio do DC não devem ser confundidas com as estruturas técnico-burocráticas das instituições públicas e privadas que interferem nas comunidades por força da política social e mesmo daquelas que interferem por força de alianças conscientes com as camadas populares. Uma coisa são as estruturas técnico-burocráticas das instituições promotoras de programas, outra são as estruturas de apoio do DC, e ainda outra são as engrenagens asseguradoras de alianças e articulações que ajudam e reforçam a repercussão participativa produzida pelo DC.

As estruturas de apoio ao desenvolvimento comunitário foram criadas na sociedade a partir da prática histórica dos homens, quando os desafios da natureza e da sociedade iam gerando as necessidades de enfrentá-los. São, portanto, pensadas e articuladas pela própria população, a partir dos desafios que enfrentam, tendo em vista ordenar e coordenar as definições, reflexões e ações que, em conjunto, vão produzindo. São essas estruturas que, muitas vezes, fazem a história fundamental da humanidade, mas, no entanto, nem sempre elas são levadas em conta. Nesse sentido, diz Nanci Carvalho (1983, p. 123):

> A história escrita, desde Plutarco, tem sido uma coleção de narrativas de heróis. Através dessas narrativas aprendemos que, se não fosse pela capacidade de homens extraordinários, que lideram aqueles menos dotados, a humanidade estaria condenada. Entretanto, além da perspectiva da história escrita, as massas continuaram a se organizar em formas cooperativas — desde os hebreus, gregos, romanos e mesmo antes deles. É como se houvesse duas histórias: a história escrita das façanhas de poucos e a história não escrita da vida cooperativa de muitos.

A organização social é a engrenagem maior de poder das camadas populares, se bem que, por vezes, se faça uso de mecanismos comuns usados pelos grupos dominantes.

O mecanismo de apoio, sustentação e reciclagem da força social representada pela organização social que se estrutura a partir das áreas de moradia é o que chamamos de estruturas de apoio do DC.

Não se pode desconhecer que a luta das camadas populares para exprimirem o poder social que possuem é uma luta contra interesses exclusivos dos indivíduos e contra a harmonização através da violência e submissão da maioria. Nas áreas de moradia, historicamente, esse poder assume formas facilitadoras da sua veiculação e efetivação. Essas formas são conhecidas como centros sociais, associações de moradores, liderança comunitária, entre outras. Claro que todas essas formas são animadas por uma dinâmica própria que tem a ver com as camadas populares, mas também com a conjuntura na qual estão situadas.

Há uma estrutura de apoio não citada, mas muitas vezes existente nas comunidades: os conselhos de moradores.

Os conselhos de moradores são a tentativa de organização dos recursos institucionais da comunidade através de representantes desses recursos. São também chamados conselhos comunitários. Seu objetivo maior é a racionalização e ordenação dos recursos comunitários, de modo a servir melhor à população. Em geral, os conselhos são formados a partir das iniciativas de instituições do setor público.

Segundo Arthur Hillman, os conselhos de comunidade, para merecerem esse nome, devem reunir todas as grandes organizações e grupos de interesses da comunidade; são órgãos criados para facilitar o intercâmbio entre grupos; geralmente limitam-se ao planejamento e deixam a administração dos serviços a cargo das instituições existentes; funcionam como órgãos consultivos de coordenação ou planejamento; têm como função coordenar os serviços existentes, planejar aqueles necessários e inexistentes, criar novas bases para as relações sociais na área e representar os interesses dela (Hillman, 1964, cap. VIII).

A nível de comunidade, uma primeira questão que aparece em relação aos conselhos de moradores é que há sempre uma instituição que, ao tomar a iniciativa de convidar as demais, assume uma função tutelar junto ao conselho. Enquanto isso, as demais passam a se sentir diminuídas em seus interesses de reafirmação contínua do seu poder social na comunidade. Outra questão é a duplicidade de serviços oferecidos pelas diversas instituições que, apesar de serem criadas para responder a objetivos específicos, em geral assumem sempre modismos que se tornam comuns e repetitivos. Por exemplo, no final da década de 1970 e início de 1980, as instituições de política social, seja qual for o objetivo específico a que se destinavam, apresentavam como meta fundamental a criação de associações de moradores ou conselhos comunitários nas áreas onde atuavam. Encontram-se instituições como

Mobral, Febem, Projeto Rondon, Cohab, Secretaria de Educação, secretarias de Ação Social, prefeituras etc., todas indo às comunidades com um mesmo objetivo. É nessa redundância de funções que começam os desentendimentos, a briga pela apropriação da comunidade pela instituição Y ou X, sob o argumento de ter chegado primeiro à área. Esses desentendimentos de base terminam por criar barreiras intransponíveis ao funcionamento de um conselho comunitário que deseje ir além da simples identificação formal. Além desses aspectos, é importante considerar outros, de ordem conjuntural. A política personalista, aliada à política partidária, por vezes é responsável pela criação de alguns programas facilitadores do jogo eleitoral. A criação de conselhos comunitários, muitas vezes, responde a esta perspectiva político-partidária, principalmente nas proximidades dos períodos de eleição. Nesse sentido, a instituição estimuladora do conselho tudo faz para ser a de maior destaque na área.

Em face dessas injunções próprias a órgãos criados por interesses externos à própria comunidade, é que os conselhos de comunidade, quando existem, assumem mais um aspecto formal perante a comunidade e de reforço do poder social dos grupos dominantes dentro dela. Isso, no entanto, não impede que, consciente de todas essas possíveis injunções, o profissional parta criticamente para desafios, caso a existência de um conselho de comunidade seja preocupação da comunidade onde ele atua.

1. Os centros sociais

São diversas as versões quanto ao surgimento dos centros sociais. Alguns estudos apontam o México, outros a França e a Inglaterra como locais onde as ideias iniciais de centros sociais foram concretizadas (Ammann, 1980, p. 49-53). Seja em uma ou em outra parte do planeta, a ideia de centro social é a de uma localidade onde as pessoas se reúnem para o desenvolvimento de algo em comum. O sentimento de algo em comum existente em agrupamentos humanos localizados numa mesma área geográfica e o desejo de realização de algo em comum que responda aos anseios de muitos é o ideal que norteia a concretização de muitos centros sociais. Nesse sentido, o centro social tem, praticamente, o ideal comum às associações de moradores; no entanto, assumiu, desde o início, uma tônica de *local físico*, que passa a ser o primeiro elemento para que as ações comuns se realizem. Assim, em muitas comunidades brasileiras, a construção de local adequado para o desenvolvimento de uma vivência comum e de ações em comum que respondam às exigências da comunidade passa a ser ideal a ser estimulado sobretudo pela Igreja. A construção desse local é, muitas vezes, uma ação coletiva desenvolvida pela população comunitária. Como tal, o centro social historicamente é, sobretudo, obra do povo, mesmo contando com estímulos externos, como no caso da Igreja.

> O centro social deve ser "a casa de todos", o lar ampliado onde cada um se sinta à vontade, participe de seus programas, atue na melhoria de condições de vida familiar e comunitária, realizando-se como ser eminentemente social e, sobretudo, como pessoa humana, tornando-se, assim, a consciência, o conselho diretivo, a assembleia da comunidade (CBCISS, 1977).

Segundo Arthur Hillman, o progresso do bairro é o interesse do centro social. Os membros que o compõem podem ter qualquer filiação política e religiosa, mas o grupo, como um todo, deve limitar-se a satisfazer as necessidades sociais, culturais e cívicas da população do bairro (Hillman, 1964, p. 131).

Batten (1983, p. 78) considera que o centro social desenvolve orgulho local e sentimento de comunidade e proporciona lugar comum de reunião, entretenimento e recreação.

A tradição dos centros sociais é parte da estimulação da comunidade pela iniciativa privada, sobretudo a Igreja. Em muitas localidades, são assumidos de fato pela comunidade e se tornam importantes estruturas de apoio ao desenvolvimento comunitário. Acontece que, em geral, as áreas de moradia se compõem de um conjunto determinado de agentes que, mesmo possuindo algo em comum, este nem sempre se coloca no nível de uma consciência coletiva, a qual também não é problematizada criticamente. Nesse sentido, o centro social passa a ser elemento de encontro e articulação dos diversos grupos sociais, que terminam por se descobrirem como comunidade, como força social. O centro social é o local onde os interesses e preocupações comuns são assumidos, pensados em comum e enfrentados na ação, dentro de uma perspectiva comum de interesses. Muitos centros sociais no Brasil têm assumido essa dimensão e quando assim se desenvolvem não há diferenças entre um centro social e uma associação de moradores.

O reconhecimento da força social assumida por muitos centros sociais desperta, nas instituições do setor público, o interesse por eles. É por isso que algumas dessas instituições — como as patronais do tipo do Sesi, Sesc — passam a ser instituições promotoras de muitos centros sociais no Brasil.

Segundo Safira Ammann (1980, p. 50), a importância conferida aos centros sociais leva o Conselho Econômico e Social da ONU a organizar, em 1951, uma comissão para estudar os objetivos, métodos e êxitos obtidos pelos mesmos, tanto nos países industrializados como nos "insuficientemente desenvolvidos".

Os centros sociais, como pensamento político das instituições públicas de bem-estar social, passam a ser utilizados sobretudo como um mecanismo de organização e controle das relações dos agentes comunitários. Nesse sentido, os centros sociais assumem contraditoriamente um outro nível de definições, princípios e diretrizes, e passam a significar, sobretudo, a presença do Estado através de suas organizações para um controle mais direto das relações sociais a nível do consumo nas áreas de moradia. Os centros sociais se artificializam no seio da comunidade, já que muitas instituições assumem como elemento de sua política a construção de áreas físicas às quais dão o nome de centros sociais, presenteados às comunidades. Estudando a dinâmica institucional de alguns centros sociais criados por instituições do setor público, observa-se como característica geral o seguinte:

A inauguração oficial da área física denominada centro social pela instituição que patrocina a construção é o momento de apresentação do mesmo à comunidade. Os comunitários são convidados para a inauguração do centro. Um dos momentos do ato inaugural é o realce dado ao centro como instrumento fundamental ao desenvolvimento daquela comunidade. Salienta-se que a população, como componente da comunidade, para o seu desenvolvimento precisa ter espírito associativo, cooperação e interesse comum. Em geral, nessa oportunidade, um assistente social reforça a importância da "organização social", convida os presentes a formarem grupos para atuar em prol da comunidade e encerra sua fala marcando reunião para que os interessados no funcionamento do centro elejam sua diretoria. Na reunião que se segue à inauguração é quando se forma o conselho do centro social ou diretoria. Em geral, os integrantes assumem formalmente, sem entender o significado da sua função no centro. Aos poucos, no entanto, os que persistem constroem, a seu modo, a significação que melhor corresponda aos seus interesses pessoais e, dentro dessa perspectiva, ajudam a manter o caráter do centro. O assistente social atua no centro sugerindo propostas e contribuindo para a sua execução.

Não é bem esse tipo de centro social que se torna estrutura de apoio do DC na perspectiva conceitual em que se pauta o presente trabalho.

A caracterização acima, elaborada através de estudo realizado em 1978, não é diferente dos elementos que se tem a partir de outro estudo realizado em 1986, sobre a dinâmica política dos centros sociais. Em geral, a ação dos centros é comandada por um assistente social e a comunidade participa como consumidora de serviços: cursos diversos, recreação e lazer, às vezes serviços médicos.

Geralmente, consultas feitas sobre os objetivos, propostas de ação e modos de funcionamento do centro, são remetidas pelos comunitários ao assistente social para que este dê os informes e explicações buscadas. Os dirigentes do centro apenas lhes garantem os elementos de exigências formais existentes para que ele funcione, cabendo à instituição, através dos seus profissionais, o comando do mesmo.

As deformações caracterizadas alteram o sentido básico do centro social, enquanto encontro consciente da população para refletir e traçar planos de enfrentamento dos seus problemas e preocupações comuns. Tais deformações, no entanto, não impedem que ele seja avaliado criticamente pela comunidade e retomado como estrutura de apoio para as relações e inter-relações necessárias a uma arregimentação maior da força social da população.

Alguns estudos desenvolvidos sobre a dinâmica política das associações de moradores, incluindo centros sociais em Aracaju, apontam que algumas associações foram formadas para irem de encontro ao mando institucional que se dá na comunidade, através do centro social criado por ele. Os mesmos estudos, no entanto, apontam que alguns centros sociais persistem mantendo algo das suas funções básicas. Alguns tentam representar independentemente os interesses da comunidade, se bem que, no geral, a diretoria desses centros tende a substituir as instituições em termos de mando. A população geralmente é pouco consultada, cabendo, sobretudo, ao presidente definir o que deve ser feito. São presidentes que têm de dez a doze anos de mando e, de certo modo, se sentem proprietários desses centros.

É importante ter claro que toda e qualquer instituição, seja popular ou burguesa, é produzida por uma correlação de forças contrárias. Apesar de, nas instituições populares, se tentar arregimentar forças para que o peso dessa correlação se coloque em função do povo, há na sociedade muitos mecanismos ideológicos que atuam em sentido contrário. A nossa pesquisa junto a associações de moradores e centros sociais revela, por exemplo, que a maioria dos presidentes das associações de moradores têm um discurso de participação popular, de exercício de democratização e cidadania, mas, têm uma prática fundamentalmente autoritária. As práticas e o modo como são desenvolvidas revelam que o povo não pensa, não sabe e não quer nada.

É reconhecendo todo esse conjunto de características e diagnosticando as que são específicas ao centro social existente na área trabalhada que se pode pensar o centro social como uma estrutura de apoio do DC. Como tal, ele assim se define:

Uma organização de grupos e pessoas que, vivendo numa determinada área, possuam interesses e preocupações comuns e por isso tentam dispor de um local apropriado para facilitação das tentativas comuns de enfrentamento da realidade, para animação da área enquanto limite de uma vivência comum e para desenvolvimento humano e social da população através de um conjunto possível de atividades que facilitam essa vivência.

O conceito apresentado traz embutidos os objetivos e características supostas para um centro social enquanto estrutura de apoio do DC:

— resulta de um pensar comum da população;

— reúne uma diversidade de interesses resultante da diversidade de grupos sociais que compõem a classe social fundamental que faz a comunidade;

— desenvolve ações que respondem à diversidade de interesses presentes na comunidade;

— possui estrutura de comunicação capaz de envolver a população da área onde atua;

— desenvolve, através das ações que realiza, certo pensar crítico, e articula e consolida a força social que é a comunidade.

Diante da realidade contraditória de muitos centros sociais, o profissional que é levado a atuar junto a eles precisa, inicialmente, analisar a conjuntura do centro, devendo levar em conta inclusive os elementos acima considerados. Essa análise é possível através de uma ação inicial reforçada mais pela reflexão do que por uma ação afetiva.

Mesmo que os agentes principais do centro revelem ação crítica e comprometida, o profissional não pode centrar a sua somente junto aos dirigentes do mesmo.

Os grupos de base de uma comunidade são os agentes principais de uma avaliação crítica capaz de levar o próprio centro a uma reciclagem contínua, de acordo com os reais interesses dessa comunidade.

Os grupos de base devem ser assessorados e orientados em função dos seus interesses específicos: descoberta das relações e inter-relações nas quais estão envolvidos tais interesses; descoberta das implicações que estas relações trazem para um agir sobre os mesmos. Essa dinâmica necessariamente conduz o grupo a um pensar mais amplo, capaz de tocar as reais funções do centro, suas possibilidades e limites. É nesse processo que os grupos de base se percebem como agentes de reprodução ou de produção de um novo pensar e agir no centro social como estrutura maior de apoio ao desenvolvimento comunitário.

A função profissional, longe de uma função de mando, deve ser, sobretudo, de descoberta e reflexão conjunta ante os interesses e preocupações comuns, ante os enfrentamentos requeridos.

Os centros sociais, estruturas de apoio do desenvolvimento comunitário, não devem ser confundidos com os chamados centros sociais urbanos, que são instituições criadas pela política social do governo para prestação de serviços sociais às áreas de moradia.

De acordo com o Projeto Nacional de CSUs, estes têm como objetivos:

Geral:
— propiciar às comunidades urbanas brasileiras, de forma integrada, multissetorial, todo um conjunto de atividades e de serviços, considerados da mais alta relevância social e da maior significação humana.

Específicos:
a) educação e cultura;

b) desporto;

c) saúde e nutrição;

d) trabalho, previdência e assistência social;

e) recreação e lazer.

Os CSUs foram detalhados em tipos A, B e C, tomando por base a área física a ser construída e a quantidade de seus equipamentos.

Os CSUs podem vir a se tornar instrumentos de desenvolvimento comunitário, a depender da conjuntura social em que se situarem. Da conjuntura social fazem parte os próprios agentes profissionais. Estes podem ser simples dispensadores de serviços sociais à população, tendo como metodologia principal de trabalho a observância da burocracia institucional, ou podem ser educadores que façam dos serviços prestados um meio de reflexão e avaliação da própria realidade cotidiana da população.

Infelizmente, a realidade brasileira dos CSUs revela, principalmente, uma ação profissional submissa à vontade dos políticos que comandam estes órgãos.

De fato, as análises mais profundas dos CSUs revelam que seu objetivo maior é melhorar a eficácia do controle social, atingindo melhor uma área a descoberto: as áreas de moradia.

Outro objetivo é a facilitação do recrutamento de eleitores em função da política partidária liderada pelo governo. Não é sem razão que, num primeiro momento, em muitos estados, as primeiras-damas de estados e municípios foram privilegiadas como mandatárias principais dos centros sociais. No jogo do mando assumido, coube a muitas destas mandatárias estipular as condições de atendimento da população usuária, nas quais estava embutido o recrutamento de eleitores. Não se pode negar que esse mando está apoiado numa correlação de forças favorável, mas que são também mutáveis e dinâmicas. Nesse sentido, quando o profissional tem competência e compromisso com a população, sabe encontrar mecanismos para se fazer respeitar, a fim de resguardar o respeito devido à população. Quando há compromisso e competência, profissional e usuários, juntos, sabem encontrar mecanismos de superação, embora considerando que há momentos mais ou menos favoráveis a enfrentar.

2. Associações de moradores

A significação principal de uma associação de moradores é a arregimentação e dinamização da força social da população em torno de interesses e preocupações sociais comuns. Uma associação de moradores, portanto, não difere essencialmente de um centro social. Em algumas áreas, o que ocorre é que o centro social se reduz a um local de lazer e, por isso, surge a associação, para preencher o vazio deixado por aquele. Ocorre ainda que algumas associações se aliam aos grupos dominantes, afastando-se dos reais interesses da população que representam e, com isso, a população termina por redefinir novas formas de arregimentação e ação. Muitas comunidades eclesiais de base e outros grupos de base são formas de reação às associações de moradores ou associações de moradores e amigos do bairro.

Estruturas de apoio do DC são, sobretudo, aquelas entidades que se definem como meio de arregimentação e dinamização da força social das camadas populares em suas áreas de moradia, tendo como base os interesses e preocupações dessa população. Elas devem ser identificadas pelos elementos que as definem e não simplesmente pelo nome ou pela forma que assumem. Não se pode desconhecer que as associações de moradores, em muitas áreas, têm constituído uma importante base de reflexão e ação para o desenvolvimento comunitário; daí o seu destaque, mesmo quando se enfoca, sobretudo, a significação política que deve caracterizar toda e qualquer estrutura de apoio do DC.

As associações de moradores têm como limite a convivência dos seus membros em termos de moradia. No entanto, a própria prática social vai traduzindo esse limite físico em limite social, daí o surgimento das federações de associações de moradores.

As associações de moradores, nas últimas décadas, denotam sobretudo a existência de uma crise urbana. Como diz Castells (1980, p. 22), as necessidades sociais não são unidades biológicas, mas se definem historicamente, aumentando e transformando-se à medida que se desenvolvem as forças produtivas e a partir da correlação de forças entre as classes sociais.

A crise urbana resultante das próprias transformações do capitalismo termina por concretizar contradições insuportáveis para as camadas populares. Muitas associações de moradores resultam das formas pelas quais essas contradições vão se apresentando no cotidiano dessa população. Essas associações, muitas vezes, ampliam suas fronteiras, em termos de repercussão e poder, pelas alianças que firmam e acionam. O desenvolvimento comunitário existe e se amplia à medida que a própria comunidade desenvolve o exercício do poder em sua prática cotidiana e amplia a repercussão participativa desse exercício, o que muitas vezes requer alianças. A comunidade, no entanto, tem sua forma própria de perceber a realidade, por isso esse exercício deve ser pensado e definido por ela.

A equipe do Fase-CE, na concepção de associação de moradores que apresenta no Manual para Associação de Moradores (1984), bem caracteriza o que seria uma associação como instrumento ou como estrutura de apoio do desenvolvimento comunitário:

> Associação de Moradores é, via de regra, uma entidade criada e dirigida pelos moradores de uma mesma localidade que, de forma livre e consciente, decidem enfrentar os problemas ali existentes conjunta e organizadamente.
>
> Uma Associação deve servir para coordenar e dirigir os diversos tipos de atividades e lutas da população [...] deve servir para unir a população em torno da luta pela resolução de problemas que são comuns [...] deve servir para preparar a população para o enfrentamento das lutas concretas do dia a dia [...].

Não se pode negar a natureza política das associações de moradores. A política é, sobretudo, um processo de opção que implica mecanismos de poder para que as opções tenham condições de se efetivar enquanto realidade.

A associação é órgão basicamente político embora não deva ser partidário. Nesse sentido, precisa ter clareza quanto aos princípios políticos que devem orientar suas ações, a fim de poder confrontá-los e avaliá-los continuamente. Por exemplo:

— a associação deve estar a serviço dos interesses fundamentais da comunidade;

— a associação deve atuar de modo a ampliar a repercussão participativa da comunidade;

— a associação deve ser escola de aprendizagem de decisões, críticas e exercício de poder da própria comunidade.

De acordo com a concepção já apresentada, a criação de uma associação deve ser decisão da comunidade, para responder a uma necessidade sentida. Quanto mais essa necessidade for além de uma simples solução imediata, mais a associação tem condições de ser forte e duradoura.

A equipe do Fase-CE apresenta os seguintes passos para a criação de uma associação de moradores:

— a iniciativa de criação de uma associação de moradores deve estar vinculada a uma determinada luta que atraia o interesse da maioria da população;

— é necessário conversar muito sobre o que é uma associação de moradores; a cada reunião, esse assunto deve ser debatido para esclarecer e motivar a população;

— deve-se promover uma reunião ampla com o fim específico de discutir o que é uma associação, sua finalidade, suas regras, os passos a serem dados para sua criação. Nesta reunião, deve-se escolher uma comissão provisória que pode ser formada por qualquer número de pessoas, contanto que tenha um presidente, um secretário e um tesoureiro;

— a comissão provisória escreve os estatutos, geralmente a partir do exame de outros estatutos de associações, falando da finalidade da associação, dos poderes, das responsabilidades dos seus diretores, dos direitos e deveres dos sócios etc.;

— a comissão provisória também providencia o livro de atas;

— onde será registrado, em primeiro lugar, a ata de fundação;

— da entidade, documento muito importante para a associação;

— a comissão provisória convoca a assembleia geral de fundação a partir da distribuição de edital de convocação.

Os passos apresentados dão as condições necessárias para o registro oficial da associação.

É importante que os moradores interessados na criação da associação visitem associações já em funcionamento e consultem os caminhos e a experiência vivenciada, a fim de obter informes, cópias de documentos e outros elementos que ajudem a levar adiante as ações desejadas.

A consulta a uma ou mais associações é forma de vivenciar a experiência já vivida por outros e retrabalhar a própria experiência.

Uma associação, para ter vida longa, precisa ter claros os objetivos que pretende atingir. Quanto mais esses objetivos têm uma perspectiva a longo prazo, mais a associação tem condições de crescer e se desenvolver. Os objetivos imediatos devem ser uma maneira de realização dos objetivos a longo prazo.

A avaliação crítica contínua é outra condição de crescimento das associações. Assim, é importante considerar algumas características de várias associações, segundo estudo recente, a fim de que estas sirvam como alerta nas avaliações a serem desenvolvidas.

Características presentes à ação dos dirigentes principais:

— as preocupações da comunidade são apresentadas pelos dirigentes a partir de suposições próprias, sem consulta à comunidade e sem consideração ao saber próprio e às suas prioridades;
— as preocupações comunitárias são articuladas dentro de categorias dos códigos dominantes, através dos quais se reforça a disciplina e a normalidade social;
— os dirigentes atuam nas associações através dos mecanismos de familiaridade que vão adquirindo com as altas esferas do poder, ao mesmo tempo que desprezam o poder da própria associação e o exercício de poder que devem desenvolver através das reflexões e articulações dos seus membros e aliados.

As características burocráticas, paternalistas e autoritárias do Estado brasileiro são assumidas pela associação através da prática dos seus dirigentes, apesar destes se representarem internamente através de um discurso contra essas características.

Características geralmente presentes aos moradores associados:

— não são envolvidos e não se envolvem nas ações da associação, vendo nela uma reprodução das instituições públicas e submetendo-se às suas exigências a fim de conseguirem alguma dádiva;

— assumem a política como coisa suja e, por isso, distanciam-se das associações que, no geral, terminam por representar uma bandeira político-partidária;

— assumem a associação mais como órgão de assistência, recreação e lazer do que como órgão de luta.

Características das relações da associação com o Estado:

— muitas associações são criadas por estímulo do setor público a fim de que, através delas, os mecanismos de controle social sejam facilitados;

— o setor público transfere para a associação muitas responsabilidades relacionadas a programas de política social e esta termina por deixar, em segundo plano, seus objetivos de articulação e exercício de poder;

— o setor público faz das associações órgãos formais, burocráticos, que devem dar conta de quantificações e formalidades em troca de alguns recursos assistenciais que distribuem como intermediários.

Ao inserir-se numa associação, o profissional deve refletir sobre a significação real dela junto aos seus diversos agentes, a fim de poder situar a sua ação pedagógica.

A questão não está em orientar as associações no sentido de se distanciarem do Estado. Essa orientação significa deixar de levar em conta a dinâmica conjuntural, os espaços possíveis de serem apreendidos a partir de uma análise dessa dinâmica conjuntural; significa deixar de levar em conta as possibilidades de exercício popular sobre as instituições em função da sua democratização. Não se trata, no entanto, de colocar-se a serviço do Estado, mas de solidificar os canais de comunicação e poder popular para que o Estado se coloque a serviço do povo. Nesse sentido, muitas ações passam a ser legítimas, mesmo como atividades não legais, pois traduzem necessidades coletivas de grupos legítimos.

Identificar as condições históricas de surgimento das associações é importante, pois essas condições em geral têm a ver com a dinâmica atual caracterizadora das associações.

Às vezes o núcleo identificador da comunidade, conforme discutido, está fora da associação. Nesse sentido, o profissional, para assessorar criticamente uma associação, precisa saber até que ponto ela faz parte da comunidade.

A descoberta dos diversos pontos de força social existentes na comunidade, das relações ou contraposições entre estes pontos, é um caminho para a descoberta do núcleo identificador da comunidade. É importante considerar que as camadas populares possuem conflitos comuns com o sistema dominante, mas dentre elas há interesses divergentes. É por isso que muitas vezes o profissional tem de começar atuando no sentido de estimular a descoberta da comunidade na área de moradia em que trabalha e atuar de modo a que ela amplie os limites da sua "repercussão participativa".

A descoberta da comunidade pode ser uma ação da associação, caso esta se encontre dissociada, ou a própria associação pode se tornar o núcleo identificador da comunidade.

Como, em geral, as associações se definem em torno da solução das necessidades de consumo da área e algumas, especificamente, em torno das necessidades de lazer, um aspecto importante a ser trabalhado pelo profissional é a relação entre essas necessidades e a consciência social da população promotora e usuária das mesmas.

Muitas associações definem suas ações de forma muito primária. O profissional pode trabalhar essas ações no sentido de solidificar as relações entre os membros da associação, ampliar a confiança entre eles e iniciar o processo de descoberta do coletivo e da força social possível de se formar a partir de uma organização aparentemente simples.

O processo de descoberta e/ou ultrapassagem de uma consciência individual para a coletiva pode ser desenvolvido de diversas formas. Uma das formas possíveis é a autodescoberta através da ação reflexiva de cada membro dentro da sua área de moradia; é levar os associados a conhecerem outras associações; é levá-los a descobrir o significado social de suas ações e as redefinições possíveis de serem concretizadas.

Como nos centros sociais, por vezes, algumas associações apresentam-se como formas dirigidas de ação, apropriadas por duas ou três pessoas e disputadas por algumas outras, reduzindo quase por completo o espaço profissional nela existente em função de uma pedagogia participativa. Nesse sentido, os grupos de base — grupos de jovens, clubes de mães, grupo de idosos, grupos pró-creches etc. — tornam-se apoios de lutas bem mais abertos ao exercício da participação. E a experiência trazida por esse exercício que poderá fazer com que esses grupos cheguem a renovar as associações.

Em qualquer circunstância, esses grupos de base têm importância fundamental no desenvolvimento comunitário. Pensam e definem a problemática específica a que estão relacionados e, numa situação normal as associações, pela força agregadora maior que possuem, ordenam e coordenam a ação concreta de cada grupo, ajudando-os no encaminhamento das soluções que requerem.

3. A liderança comunitária

Em determinado momento histórico, a força maior do desenvolvimento comunitário é colocada na formação de líderes, daí a criação de algumas instituições especialmente destinadas ao treinamento de lideranças. Algumas pessoas na comunidade chegam a colocar o seu próprio nome em segundo plano, apresentando-se a todos como o "líder da comunidade".

Diz Arthur Hillman (1964, cap. VIII): "A liderança é um relacionamento mútuo líder e liderado. O líder deve ter o tipo de inteligência que se inquieta no *status quo*. A liderança deve estar acima de qualquer suspeita de vantagem pessoal".

A liderança é destacada em diversos autores como fator importante na integração moral da comunidade e também nos diversos escritos dirigidos ao desenvolvimento comunitário.

No Brasil, Edgar de Vasconcelos Barros destaca-se como estudioso da liderança e seus estudos serviram de base a muitos treinamentos e ações.

A grande importância devotada à formação de líderes terminou por formar nas comunidades pessoas elitizadas, que passaram a exigir, inclusive, tratamento especial, distanciando-se da comunidade enquanto relação afetiva e tentando se aproximar dela por meio de esquemas formais de mando. E a questão da liderança produzida, fabricada através de determinados treinamentos.

Os problemas e contradições criados por esse tipo de liderança serviram de base a novos conceitos: daí o conceito de liderança como processo que pode se manifestar em qualquer membro do grupo em situações determinadas. Pessoas que lideram em uma situação deixam de liderar em outras. A vivência dessa experiência em práticas diversas faz com que a liderança passe a ser tratada como um fenômeno de situações, possível de ser vivido por todo e qualquer membro de um grupo.

Mesmo vivenciando as contradições de um processo de liderança considerado como fenômeno natural e especial de alguns seres humanos, a questão da liderança se reveste sempre de certo destaque. Inegavelmente, em toda comunidade encontra-se sempre um ou outro comunitário que se destaca entre os demais. Mesmo não se conhecendo ou procurando de imediato esta pessoa, as conversas e os informes sempre a deixam numa situação de centralidade na área. As razões dessa centralidade podem ser as mais diversas e inclusive contraditórias em relação aos objetivos mais fundamentais da população. Isso implica que se tenha um tratamento crítico em relação à liderança já existente na área. Não se pode, no entanto, desconhecer a importância da liderança como elemento do desenvolvimento comunitário. Não se trata propriamente de liderança centralizada, mas de exercício de liderança, que deve ser desenvolvido pelos mais diversos membros da comunidade. A divisão de trabalho, a tomada de decisões em comum, as avaliações em comum, os trabalhos em grupos são meios facilitadores de expressão da liderança presente a esses mais diversos membros da comunidade. Quanto mais se desenvolve o processo de liderança presente na população, mais se cria uma estrutura sólida de apoio ao desenvolvimento comunitário. Esse processo se desenvolve sem que se deixe de reconhecer a existência de uma ou outra manifestação do chamado "líder natural" ou líder de rotina. Segundo Max Weber (1963, p. 283), nas dificuldades os líderes naturais foram os portadores de dons específicos do corpo e do espírito, dons esses considerados sobrenaturais, não acessíveis a todos. Não se pode desconhecer que numa ou noutra comunidade existem pessoas que manipulam uma condição singular de liderança. Isto, no entanto, em vez de uma liderança centralizada, deve dar à comunidade uma condição especial de exercício para os demais membros. A experiência vivida e transmitida pelo chamado "líder natural" pode ser grande escola de liderança. Em qualquer circunstância, a população deve ser trabalhada no sentido de deselitizar o saber e o poder de alguns poucos, que terminam por reproduzir na comunidade as relações de dominação que se processam na sociedade global. Assim *o líder tradicional* nem sempre pode ser assimilado como elemento de desenvolvimento comunitário. Quando essa liderança é elemento contrário ao desenvolvimento comunitário, no entanto, nem sempre se pode rejeitá-la imediatamente. A rejeição dessa liderança é um processo a ser assumido pela comunidade a partir das reflexões e confrontos que vão cotidianamente sendo exercitados.

    A conclusão a que se pode chegar, não só a partir desse capítulo, mas também dos demais, é que o DC é um processo técnico-metodológico de implicações políticas. Como tal, é um processo contínuo de reflexão e luta em favor da sua população usuária, ou seja, as camadas populares.

    Cada área tem um desenvolvimento comunitário próprio. Em algumas áreas, a situação de desenvolvimento é tão caótica que requer inicialmente do profissional uma ação de agregação e fortalecimento dos grupos existentes. Requer ação quanto a problemas de relacionamento, para que a população possa sair de uma percepção individual e ingênua da realidade e descubra os aspectos sociais dessa realidade. Em muitas situações, os grupos requerem uma ação no nível da consciência individual, para que, a partir daí, a mesma possa ter ultrapassada para um nível de consciência coletiva. Muitos grupos, por exemplo, se perdem continuamente em problemas pessoais que, se não forem trabalhados nas suas relações e correlações causais, terminam por impedir a ultrapassagem ao desenvolvimento comunitário. Nesse sentido, muitas comunidades podem ser inicialmente trabalhadas em nível das relações interpessoais, tendo como objetivo terminal o desenvolvimento social da comunidade, a ampliação das condições de participação e cidadania da população comunitária. Esse objetivo terminal, portanto, poderá implicar muitos objetivos intermediários e imediatos a serem trabalhados. Os problemas de relacionamento de alguns subgrupos de classe precisam ser desvendados e ultrapassados por esses subgrupos, a fim de que o social, o coletivo, seja pensado em sua real dimensão. O que não se pode é trabalhar o relacionamento ou mesmo problemas psicoemocionais que bloqueiam a formação de uma consciência social sem a perspectiva de um projeto social maior. Nessa mesma perspectiva, pode-se pensar os programas emergenciais criados a cada momento pelo governo. Eles podem se resumir a um simples objetivo de consumo imediato mas, também, podem se inserir num projeto social mais amplo, que ajude a população a sair de uma condição de simples objeto dos programas governamentais. O compromisso e a competência profissional são elementos indissociáveis quando se faz da profissão um meio, um instrumento de um projeto de vida e de um projeto social cujo maior objetivo é a transformação do homem e da sociedade.

Referências

AMMANN, Safira Bezerra. *Ideologia do desenvolvimento de comunidade no Brasil.* São Paulo: Cortez, 1980.

BAPTISTA, Myriam Veras. *Desenvolvimento de comunidade.* São Paulo: Cortez e Moraes, 1978.

BARROS, Edgar de Vasconcelos. *O problema da liderança.* Rio de Janeiro: Ed. Serviço Social Rural, 1960.

BATTEN, T. *Las comunidads y su desarrollo.* México: Fondo de Cultura Económica, 1964.

BOFF, Clodovis. *Como trabalhar com povo.* Petrópolis: Vozes, 1984.

BRANDÃO, Carlos. *Repensando a pesquisa participante.* São Paulo: Brasiliense, 1984.

BRASILEIRO, Ana Maria. Políticas sociais para áreas urbanas. *Debate Urbano.* Rio de Janeiro: Zahar, n. 4, 1982.

BRAVERMAN, H. *Trabalho e capital monopolista.* Rio de Janeiro: Zahar, 1977.

CBCISS. *Glossário de termos técnicos de Serviço Social.* Rio de Janeiro: CBCISS, 1962.

_____. Documento de Araxá. Rio de Janeiro: CBCISS, 1967.

_____. *Debate social.* 2. ed. Rio de Janeiro: CBCISS, supl., n. 1, 1972.

_____. Relatório do encontro de técnicos promovido pela Secretaria de Saúde Pública e de Assistência Social do Estado de São Paulo em 1962. Rio de Janeiro: CBCISS, 1965.

_____. Doc. *Capa Verde,* Rio de Janeiro, CBCISS, n. 120, 1977.

_____. Doc. *Capa Verde,* Rio de Janeiro, CBCISS, n. 154, 1979.

_____. In: CONFERÊNCIA INTERNACIONAL DE SERVIÇO SOCIAL, 11., *Anais...,* Rio de Janeiro, CBCISS, 1982.

CARDOSO, Fernando Henrique. *As ideias e seu lugar*. Petrópolis: Vozes, 1980.

CARDOSO, Miriam Limoeiro. *Ideologia do desenvolvimento*: Brasil JK e JQ. Rio de Janeiro: Paz e Terra, 1977.

CARVALHO, Nanci V. *Autogestão, o governo pela autonomia*. São Paulo: Brasiliense, 1983.

CARONE, Edgard. *Movimento operário no Brasil 1964-1984*. São Paulo: Difel, 1984.

CASTELLS, M. *Cidade, democracia e socialismo*. Rio de Janeiro: Paz e Terra, 1980.

_____. *Movimentos sociais urbanos*. 8. ed. México: Siglo XXI, 1985.

CELATS. *Nuevos Cuadernos Celats*, Lima, Celats, n. 1, 1984.

_____. *Nuevos Cuadernos Celats*, Lima, Celats, n. 8, 1985.

_____. *Nuevos Cuadernos*, Lima, Celats, n. 8, 1985.

_____. *Accion Crítica*, Lima, Celats, n. 18, 1985.

_____. *Accion Crítica*, Lima, Celats, n. 19, 1986.

COLIN, Osvaldo Roberto. Fundec, Banco do Brasil. Brasília. (Mimeo.)

CORNELY, Seno. *Serviço Social, planejamento e participação comunitária*. São Paulo: Cortez e Moraes, 1976.

DALLARI, Dalmo. *Participação política*. São Paulo: Brasiliense, 1983.

DASGUPTA, Sugata. Reformulando a ação social. Doc. *Capa Verde*, Rio de Janeiro, CBCISS, n. 143, 1979.

FASE. *Manual para associação de moradores*. Fortaleza: Fase, 1983.

FERREIRA, Francisco de Paula. *Teoria social da comunidade*. São Paulo: Herder, 1968.

FAUSTO, Boris. *Trabalho urbano e conflito social*. São Paulo: Difel, 1976.

FERNANDES, Florestan. *Ensaios de sociologia geral e aplicada*. São Paulo: Livraria Pioneira Editora, 1971.

FREIRE, P. *Conscientização*. São Paulo: Cortez e Moraes, 1979.

_____. *Pedagogia do oprimido*. Rio de Janeiro: Paz e Terra, 1979.

_____. *Educação como prática de liberdade*. Rio de Janeiro: Paz e Terra, 1979.

GONÇALVES, Hebe. Progresso alcançado pelos programas de desenvolvimento de comunidade no Brasil. *Documento CBCISS*, Rio de Janeiro, CBCISS, n. 15, 1967.

GOHN, Maria da Glória. *A força da periferia*. Petrópolis: Vozes, 1985.

GRAMSCI, A. *Maquiavel, a política e o Estado moderno*. Rio de Janeiro: Civilização Brasileira, 1978.

GRELA, Egle. *El servicio social en el proceso de desarrollo*. Buenos Aires: Humanitas, 1965.

HILLMAN, Arthur. *Organização da comunidade e planejamento*. Rio de Janeiro: Agir, 1964.

IANNI, SINGER et al. *Ciência, tecnologia e desenvolvimento* (coordenado por Ernest W. Hamburguer). São Paulo: Brasiliense, 1971.

JACOBI, Enunes. Movimentos sociais urbanos na década de 80. Mudanças na teoria e na prática, *Espaço e Debate*, São Paulo, Cortez, n. 10, 1984.

JUNQUEIRA, Helena Iracy. *Curso de Serviço Social de comunidade*. São Paulo: Escola de Serviço Social, 1954.

KALINA, E.; KOVADLOFF, S. *As ciladas da cidade*. São Paulo: Brasiliense, 1978.

KOWARICK, Lúcio. *Os caminhos do encontro*: as lutas sociais em São Paulo. *Presença*, fev. 1984.

KRUG, J. Gilberto. *Mobilização comunitária*. São Paulo: Cortez, 1982.

LEBRET. Necessidade de incorporar a população ao desenvolvimento. *Inda* (Instituto Nacional do Desenvolvimento Agrário), 1967. (Apostila.)

LIMA, Boris Alexis. *Contribuição à metodologia do Serviço Social*. 2. ed. Belo Horizonte; [s.e.], 1976.

LIPSON, Leslie. *A civilização democrática*. Rio de Janeiro: Zahar, 1966. v. 1.

LUBIN, HANSEN et al. *Recursos humanos para o desenvolvimento*. Rio de Janeiro: Fundação Getúlio Vargas, 1965.

MABBOTT, J. O. *O Estado e o cidadão*: uma introdução à filosofia política. Rio de Janeiro: Zahar, 1968.

MANNHEIM, Karl. *Sociologia sistemática*. São Paulo: Pioneira, 1962.

MARX, K.; ENGELS, F. A *ideologia alemã*. São Paulo: Livraria Ciências Humanas, 1978.

PEREIRA, Luís Carlos Bresser. *Desenvolvimento e crise no Brasil*. São Paulo: Brasiliense, 1980.

PINTO, Aníbal. *Aspectos y problemas del desenvolvimiento económico*. Recife: Sudene, 1962.

PINTO, João Bosco. Reflexões sobre desenvolvimento social e ação comunitária. In: SEMINÁRIO INTERNO SOBRE CENSO COMUNITÁRIO NO ÂMBITO DO POLONORDESTE. Recife, out. 1980.

_____; CANESQUI et al. *Perspectiva e dilemas da educação popular*. Rio de Janeiro: Paz e Terra, 1984.

PND. I Plano Nacional de Desenvolvimento. Brasília, 1972/1974.

PORZECANSKI, Teresa. *Desarrollo de comunidad y subcultura de clase.* Buenos Aires: Humanitas, 1972.

RIOS, José Arthur. *A educação dos grupos.* Rio de Janeiro: Serviço Nacional de Educação Sanitária do Ministério da Saúde, 1957.

RODRIGUES, C. A. *Análise conceptual del desarrollo de comunidad.* Buenos Aires: Ecro, 1970.

ROSS, Murray. *Organização da comunidade.* Porto Alegre: Pontifícia Universidade Católica, [s.d.].

SALES, Ivandro et al. Participação e organização de produtores. Documento elaborado em função do Projeto Nordeste, 1983. (Mimeo.)

SAMPAIO, Plínio Arruda. *Construindo o poder popular.* São Paulo: Paulinas, 1982.

SILVA, Maria Luiza L. *Serviço Social de comunidade.* 2. ed. São Paulo: Cortez, 1986.

SILVA, Maria Lúcia Carvalho. Coletânea de textos sobre desenvolvimento de comunidade, *Capa Verde*, Rio de Janeiro, CBCISS, n. 97, 1975.

SMALL, in *A evolução do pensamento social* (sintetizado por Bogardus). São Paulo: Fundo de Cultura, 1965.

SMITH, Hamilton. *O papel das organizações de Serviço Social na ação social.* Rio de Janeiro: Pontifícia Universidade Católica, 1962. (Mimeo.)

SOENZ, Orlando. Acerca de los movimientos sociales urbanos. *Nuevos Cuadernos Celats*, Lima, Celats, n. 7, 1985.

SOUZA, Herbert J. *Como se faz análise de conjuntura.* Petrópolis: Vozes/Ibase, 1984.

SOUZA, Maria Luiza. *Serviço Social e instituição.* São Paulo: Cortez, 1982.

THIOLLENT, Michel. *Metodologia da pesquisa/ação.* São Paulo: Cortez/Autores Associados, 1985.

TOURAINE, Alain. In: GUILHON DE ALBUQUERQUE, J. A. *Classes médias e política no Brasil.* Rio de Janeiro: Paz e Terra, 1977.

TRAGTENBERG, M. *A delinquência acadêmica.* São Paulo: Rumo Gráfica, 1979.

URRUTIA, Carlos. Notas sobre la democracia cotidiano. *Acción Crítica*, Lima, Celats, n. 18, 1985.

WEBER, Max. *Ensaios de sociologia.* Rio de Janeiro: Zahar, 1963.